授業ですぐ使える！

自己肯定感がぐんぐんのびる

45の学習プログラム

越智泰子＋加島ゆう子＋大東和子＋棚橋厚子【著】

合同出版

ライフスキルのプログラムを作成するにあたって、終始熱心な
ご指導をいただいた大東義徹先生にこの本を捧げます。

はじめに

　著者4人は「西宮ライフスキル研究会」のメンバーで、全員が小学校の教師です。

　教室では「何もしていないのに、○○さんにたたかれた」と言う声がよく聞こえてきます。双方から話を聞くと、先に言葉による攻撃をしていたり、ただあたっただけだったり。思いや願いをうまく伝えあえたら解決できるのに、すぐに先生に訴える子どもたちが増えてきました。また、不登校や引きこもり、すぐにキレる子どもや学級崩壊など、昨今、教育現場での問題が数多く報じられ、憂慮の声が上がっています。

　私たちは、何を、どのように取り組めば、子どもたちに本当の「生きる力」を身につけることができるのかというテーマに直面しました。そんなとき、世界各国で社会問題となっている子どもたちの危機的状況を未然に防ぐためにWHOの精神保健部局が提唱したライフスキル教育に出会いました。

　「ライフスキル」は、セルフエスティームが基盤になります。セルフエスティームとは、自分は価値ある人間だと思える健全な自尊心のことです。セルフエスティームは、まさに「生きる力」そのもので、ライフスキルのプログラムを子どもたちに体得させることは、大変有意義な教育であると確信しました。

　そこで、すぐに現場で活用できる学習支援案形式のプログラムの作成に取り組みました。このプログラムは、関連する2つのスキルを1セットとし、1年間に1セットずつセルフエスティームの育成に焦点を当てて開発しました。早速、本研究会の会員がクラスで実践してみると、その効果は目をみはるものがあり、「子どもたち自らが、感じたり考えたりしながら成長することができる」との報告が集まりました。5年間で40以上のプログラムを開発し、一冊の本にまとめました。

　そして、ライフスキル教育の普及を目指して、各地で教職員や保護者にむけてライフスキルプログラム体験のワークショップを実施した結果、多くの参加者から、「すぐに学級で実践したい」「自分自身について考えることができた」などと好評を得ました。

　このたび、出版のお誘いをうけ、新たに開発したプログラムをふくめ、上梓する運びとなりました。とはいえ、私たちは、まだまだ研究途上に身に置く未熟な立場です。各方面の方々に本書を活用していただき、忌憚のないご批評等をお聞かせくださいましたら、本研究会にとってこの上ない喜びでございます。

　最後になりましたが、合同出版の齊藤暁子さんはじめ、データ作成、印刷・製本に携われた方々に感謝の気持ちでいっぱいです。深謝申し上げます。

西宮ライフスキル研究会

授業ですぐ使える！

自己肯定感がぐんぐんのびる

45の学習プログラム

もくじ

はじめに ………… 3
ライフスキルの基礎知識 ………… 6
この本のつかい方 ………… 8

第1章 情動対処スキル・ストレス対処スキル

① 感情パズル ………… 10
② 怒りのタワー ………… 14
③ 怒りをしずめるワーク ………… 18
④ 怒りのロールプレイ ………… 22
⑤ 「いや」と言うゲーム ………… 28
⑥ 気持ちを伝える3つの方法 ………… 31
⑦ 自分となかよくできないわたし ………… 36

第2章 自己認知スキル・他者理解スキル

① わたしってどんな人 ………… 40
② よいとこビンゴ ………… 43
③ 自分カルタ ………… 48
④ 短所を長所にリフレーミング ………… 51
⑤ 等身大の自分① ………… 55
⑥ 等身大の自分② ………… 59
⑦ わたしの木 ………… 61
⑧ 信頼の関係 ………… 64
⑨ 出会いのカード ………… 67

第3章 コミュニケーションスキル・対人関係スキル

① ボディランゲージ ………… 74
② コミュニケーションの3つの窓口 ………… 77

- ③ 一方通行・双方通行のコミュニケーション …………… 80
- ④ プラスのストローク・マイナスのストローク ………… 83
- ⑤ わたしの関係地図 ………… 87
- ⑥ 関係をはばむもの ………… 91
- ⑦ 視るコミュニケーション ………… 94
- ⑧ 聴くコミュニケーション ………… 97
- ⑨ 触れるコミュニケーション ………… 100
- ⑩ 聴く実習 ………… 102
- ⑪ ハートビーイング ………… 106

第4章 意志決定スキル・問題解決スキル

- ① 選択ゲーム ………… 112
- ② さんれもの冒険パート1 ………… 116
- ③ さんれもの冒険パート2 ………… 122
- ④ いいよん小学校探検 ………… 124
- ⑤ ピンチをチャンスに ………… 129
- ⑥ なりたいわたし、なれるわたし ………… 133
- ⑦ コンセンサスゲーム ………… 140
- ⑧ 問題の明確化 ………… 143
- ⑨ 解決志向アプローチ ………… 146
- ⑩ フェアリーブレインとなかよく ………… 149
- ⑪ 3つの立場 ………… 152

第5章 創造的思考スキル・批判的思考スキル

- ① みんなでつくろう「クラス目標」………… 156
- ② イメージトレーニング ………… 159
- ③ 右脳・左脳のバランス回復 ………… 162
- ④ Dreams come true ………… 165
- ⑤ 未来コラージュ ………… 171
- ⑥ こころの地図 ………… 173
- ⑦ I am OK! ………… 176
- ⑧ イメージ遊び ………… 180
- ⑨ プロコン・ディスカッション ………… 183

ライフスキルのキーワード ………… 186
参考文献 ………… 191

ライフスキルの基礎知識

■ライフスキルとは

　ライフスキル(Life Skills)とは、WHO(世界保健機関)が提唱した用語で、ライフ(生活)とスキル(技術的能力、技能)の合成語です。「個人が日常生活において直面するさまざまな課題や難題に上手に適応し、かつ積極的に行動していくことができる能力」とされています(WHO精神保健部局ライフスキルプロジェクトより)。

　「人が自分らしく、よりよく生きていくために必要な心理的・社会的能力」といってもよいでしょう。

■10のスキル

　一般に、ライフスキルは、関連する2つのスキルを1セットにして、10のスキルが提唱され、各国で実践されます。

❶ **情動対処スキル(Coping with Emotions skills)**
　自分の怒りや悲しみ、驚愕に負けずに真の喜びや楽しさが実感でき、喜怒哀楽がコントロールできる能力。

❷ **ストレス対処スキル(Coping with Stress skills)**
　ストレスや悩みに負けずに気晴らしをすることができ、気楽な気持ちで毎日を元気に生きていくことができる能力。

❸ **自己認知スキル(Self-awareness skills)**
　自分で自分の性格や長所、短所、願望、嫌悪などがわかるようになる能力。正確な自己認識をもつと、問題に直面した際、現実的な目標を設定することができる。

❹ **他者理解スキル(Empathy skills)**
　相手の気持ちになって感じ、考えることができる能力。共感して理解することは、自分とはちがう他者を受容することに役立つ。

❺ **コミュニケーションスキル(Effective Communication skills)**
　相手の話をよく聞き、自分の思っていることを相手に正しく伝えることができる能力。

❻ **対人関係スキル(Interpersonal Relationship skills)**
　自分がやりたいことを、良好な人間関係を維持しながら知的・論理的に主張することができる能力。

❼ 意志決定スキル（Decision Making skills）

自分でよく考え、もっとも良い選択ができる能力。さまざまな選択肢をよく比較して、決定することができる。

❽ 問題解決スキル（Problem Solving skills）

直面する重要な問題に対処する能力。重大な問題を未解決のままにしておくことは、ストレスになり、さらにはさまざまな病気の原因にもなる。

❾ 創造的思考スキル（Creative Thinking skills）

良いものをつくり出し、ものごとがうまくまとまっていく方向に、考えを進めていくことができる能力。

❿ 批判的思考スキル（Criticai Thinking skills）

人の話や書かれてあることを、そのままうのみにせずに、本当に正しいかどうかを自分の頭で判断することができる能力。他者から押し付けられた価値観や情報を認識し評価するのに役立ち、精神の健全さを保つことができる。

■健全なセルフエスティーム（自尊感情）

　10のスキルはすべて、健全なセルフエスティーム（自尊感情）を基礎にしています。セルフエスティームとは、「自分に対して肯定的で、あるがままの自分を価値のある存在と思うこと」と定義されています。

　健全なセルフエスティームは、日常直面する問題に対して、前向きに、効果的に解決していくためのエネルギーになります。問題を解決した経験がセルフエスティームをさらに高め、そのことがよりすぐれたライフスキルを獲得することに結びつきます。セルフエスティームは、人生における成功の要因であり、結果にもつながります。知能指数（IQ）が高いからといって、幸せな人生を送れるとはかぎりません。

　ライフスキルは、幸せ感は自分の真の気持ちを知り、激情をコントロールし、失敗してもあきらめず、他人の気持ちを思いやることから生まれるという「こころの能力EQ：（Emotional Quotient）」（ダニエル・ゴールマン）に通じるものがあります。

　子どもたちの「生きる力」の基盤となるのが健全なセルフエスティームであり、ライフスキルプログラムはその基盤づくりにとても有効です。

この本のつかい方

❶ ライフスキルには10のスキルがあり、関連する2つのスキルが1セットになっています。

❷ 子どもの状況や目的に応じて、どのプログラムを採用してもよいのですが、例えば、子どもたちに、ストレスに負けずに生きていく力を学ばせたいときには、「情動対処スキル・ストレス対処スキル」のプログラムを、1から順に取り組むと効果的だと考えています。

❸ また、各プログラムを組み合わせて取り組むことで、新たな単元を構成することもできます。

　以下の表は各章により必要なプログラムを構成した一例です。学年・目的・時間数によって組み合わせてみてください。

単元	
おもいでがいっぱい （2年　生活科）	・わたしの関係地図 （コミュニケーションスキル・対人関係スキル　プログラム05　87ページ） ・よいとこビンゴ （自己認知スキル・他者理解スキル　プログラム02　43ページ） ・自分カルタ （自己認知スキル・他者理解スキル　プログラム03　48ページ） ・プラスのストローク・マイナスのストローク （コミュニケーションスキル・対人関係スキル　プログラム04　83ページ）
2分の1成人 （4年 　総合的な学習）	・わたしの関係地図 （コミュニケーションスキル・対人関係スキル　プログラム05　87ページ） ・なりたいわたし、なれるわたし （意思決定スキル・問題解決スキル　プログラム06　133ページ） ・等身大の自分① （自己認知スキル・他者理解スキル　プログラム05　55ページ） ・Dreams come true （創造的思考スキル・批判的思考スキル　プログラム04　163ページ）
学級開き	・みんなでつくろう「クラス目標」 （創造的思考スキル・批判的思考スキル　プログラム01　154ページ） ・わたしってどんな人 （自己認知スキル・他者理解スキル　プログラム01　40ページ）
卒業に向けて	・出会いのカード （自己認知スキル・他者理解スキル　プログラム09　67ページ） ・なりたいわたし、なれるわたし （意志決定スキル・問題解決スキル　プログラム06　133ページ） ・わたしの木 （自己認知スキル・他者理解スキル　プログラム07　61ページ） ・Dreams come true （創造的思考スキル・批判的思考スキル　プログラム04　163ページ）

＊「ワーク」はコピーして自由にお使いください。
＊各プログラムの終わりにある実践ノートは、授業後の記録です。参考にしていただれば幸いです。

第1章

情動対処スキル・ストレス対処スキル

　すぐにキレる子どもたちが多くなっていると言われています。この2つのスキルでは、7つのプログラムを通して、自分の怒りについて考え、怒りをしずめる方法を学び、喜怒哀楽をコントロールすることを学習します。自分の気持ちを効果的に伝えるスキルを身につけることで、ストレスに負けない、落ち着いて考えられる子どもが育ちます。

01 感情パズル

目標 人にはさまざまな感情があることを知り、「感情」に感心を向けられるようにする。

方法

- 5〜6人のグループに分かれる。
- 「感情パズル」（ワーク①）にどんな気持ちを表す言葉がかくされているか探す。
- 雑誌などから「顔」を切りぬき、台紙に貼ってコラージュ（下記参照）をつくる。
- コラージュに貼られた表情から、顔の主がどんな感情をもっているかを想像する。

用意するもの

ワーク①「感情パズル」（13ページ）。
人の顔がのっている雑誌・新聞・広告など。
画用紙、のり、はさみ。

コラージュ

写真・絵画・イラスト・雑誌などから切りぬいて、台紙に貼り付ける絵画表現方法。

●コラージュの効果
切り貼りする作業は、子どもでも簡単に取り組むことができ、しかも、楽しみながらできる作業である。表現しにくい感情を形にすることによって、その内容への「気づき」を促すことができる。

■コラージュ　作品例

●学習の流れ (45分)

時間	学習活動	支援のポイント
10分	①「感情パズル」（ワーク①）に隠されている、感情を表現する単語を見つけ、いろいろな感情を表す言葉があることを知る。	・5、6人のグループに分かれる。 ・「うれしい」「悲しい」など、すぐに思いつく気持ちを「感情パズル」から見つけ、パズルの方法を確認し、ほかにどんな気持ちがあるか探す。 ・さがした言葉から、人にはさまざまな気持ちがあることを確認する。
20分	②コラージュをつくる。 ①自分を表現する台紙の色を選ぶ。 ②台紙に「わたしの心」「わたしのすがた」をイメージする形を輪郭としてかく。 ・雑誌などから人の顔を切りぬく。 ・グループで相談しながら模造紙に貼り、1つの作品として仕上げる。	・切りとった顔は全部貼らなくてもよい。また、ウズ巻き形に貼るなど、全体のバランスを見て仕上げることを確認する。 ・空き箱（箱の内側は自分の内面、外側は外面）を台紙にする、など台紙を工夫すると応用がきく。
10分	③コラージュに貼られた作品から、顔の主がどんな感情をもっているかを想像する。	・ワーク①「感情パズル」で探し出した言葉を参考にして考える。
5分	④全員で思いや意見を**シェアリング***する。	・各グループのコラージュを掲示し、1つの表情からさまざまな感情が読みとれることを知り、表現の多様性を確認しあう。 ・自己認知スキルとしても活用できる。

＊**シェアリング**：プログラムの実践をとおして、感じたり気づいたりしたことを人と本音で伝えあい、共有すること。

実践ノート（4年生）

●クイズ大会のような感情パズルのエクササイズ

　感情パズルは、クラスの子どもがみんなゲーム感覚で取り組みました。たくさんの言葉が隠されているので、競うように、感情を表現する言葉をさがして、たくさんの挙手で盛り上がりました。
　「愛らしい」「なつかしい」「ゆかい」「ふびん」「わくわく」……言葉を見つけるたびに、「先生、見つけた」「先生、だいたんって、気持ちだよね」など、みんなが笑顔になりました。

●貼り絵はみんな大好き、コラージュ作成

　コラージュの作成は、好きな素材を選んで貼る作業です。広告や通信販売の雑誌、スポーツ新聞、マンガ雑誌、婦人雑誌、シールなど、準備してきたものから人の顔を切り取り、台紙に貼ります。図工は、このクラスで最も人気がある教科です。

●分かちあいも笑顔もいっぱい、シェアリング

　授業では1人1作品にしました。それぞれの気持ちを表すタイトルをつけ、グループで発表しあいます。そして、クラスで全作品を紹介します。
　「はでな気持ち」「楽しい気持ち」「バレエが好きな気持ち」など、1つの形容詞ではない表現も出てきました。

●楽しく自己表現ができて、みんなの顔もすっきり

　感情パズルとコラージュを組みあわせることによって授業が盛り上がり、ふだんはおとなしい子も、やんちゃくんも、おしゃまさんも、にぎやかさんも、課題に集中できました。「感情パズル」では、さまざまな感情に関心をもつことができ、コラージュでは、自己表現ができたので、みんなはさっぱりした顔をしていました。

ワーク①

●感情パズル

年　組　名前

下の表から、感情や気持ちを表すことばをさがしましょう。たて・よこ・ななめに文字がつながっていれば、左右・上下どちらからでも読めます。見つけたことばは○でかこみましょう。

か	ぐ	う	か	な	い	わ	く	わ	く	み	よ
わ	な	れ	さ	た	う	す	わ	か	や	ろ	か
い	つ	し	あ	き	あ	き	ら	め	こ	い	ゆ
い	か	い	い	ら	い	ら	う	ぶ	て	わ	か
い	し	は	ら	ろ	ふ	い	へ	き	や	す	い
か	い	ひ	し	ふ	び	は	ら	は	ら	が	し
た	な	も	い	あ	ん	し	ん	さ	い	せ	が
た	お	ど	り	た	い	く	つ	ろ	い	だ	す
あ	そ	ど	こ	ま	の	る	や	あ	り	い	が
か	ろ	い	け	や	さ	し	い	か	ぜ	た	す
る	し	ゆ	う	た	れ	い	い	か	げ	ん	え
い	い	じ	わ	る	ざ	わ	ざ	わ	が	ま	ま

情動対処スキル・ストレス対処スキル

自己認知スキル・他者理解スキル

コミュニケーションスキル・対人関係スキル

意志決定スキル・問題解決スキル

創造的思考スキル・批判的思考スキル

・感情パズルには、下のような言葉がふくまれています。
子どもに答えを提示するかどうかは、ご判断ください。
・パズルにはない感情や気持ちを表す言葉を見つけさせて
もよいでしょう。

うれしい　なつかしい　かなしい　あきあき　すき　きらい
よろこぶ　こわい　あきらめ　あいらしい　おもしろい
おどりたい　おどけた　たいくつ　くつろいだ　くるしい
いいき　たのしい　いらいら　やさしい　ふびん　ゆかい
うかない　うきうき　かろやか　あんしん　いいかげん
いじわる　かわいい　かいてき　あぜん　きやすい　すがすがしい
あたたかい　はらはら　わくわく　いがい　あかるい　ざわざわ
いかり　だいたん　わがまま　おそろしい

02 怒りのタワー

目標 怒りの感情は自然な感情であること、感情に良し悪しはないことを知る。また、感情は自分の自由にならないが、感情に対する反応は自分で決めることができることを知る。

方法

- ブレーンストーミングで「怒りの体験」を語りあう。
- 各自、怒りの体験をカードに書く。
- 「怒りのタワー」の段階に対応するようにカードを貼る。
- 体に出る怒りの兆候について話しあう。
- 怒りの奥にある真の気持ちを探り、怒りは二次的感情であることを知る。

用意するもの

怒りの体験記入カード（ふせんを利用する）、ワーク②「怒りのタワー」（17ページ）。

ブレーンストーミング

集団でアイディアを出すための手法の1つとしてA.F.オズボーンが考え出した。固定観念にとらわれず、自由に意見を出しあい、そこからさらに多くのアイディアを出す方法。会社の会議などでも用いられている。
「他人の発言を批判しない・自由奔放に発想する・アイディアの質より量を求める・他人のアイディアに便乗することを歓迎する」という4つの基本的ルールを設けて実施する。
＊ブレーンストーミングと簡易KJ法を組み合わせる方法もある。ふせんなどに思い付いたアイディアや意見を書き出し、さまざまな意見を分類し構成化することができる。
KJ法……文化人類学者川喜多二郎がデータをまとめるために考案した手法。データをカードに記述し、カードをグループごとにまとめて図解化する方法。

●学習の流れ（45分）

時間	学習活動	支援のポイント
5分	①ブレーンストーミングで「怒りの体験」について語りあう。	・人物が特定されるような体験は話さないことを約束する。
10分	②各自、怒りの体験をふせんに書く。 <例> ・鉛筆を勝手に使われた ・急にたたかれた　など	・怒りをもたらした体験を、例を示して具体的に書くようにする。
10分	③「怒りのタワー」（ワーク②）のどの段階になるか考えて体験カードを貼っていき、各段階のイメージカラーや体の感覚を書きこむ。	・8つの段階に対応するように貼りつけ、怒りの程度を「順位づけ（スケーリング）」する。
5分	④怒りについて話しあいシェアリングする。	
5分	⑤体に出る怒りの兆候について話し合う。 <例> ・呼吸が荒くなる ・顔がこわばる ・頭に血がのぼる　など	・怒っているとき、体の部分がどんなふうになっているか、考える。
10分	⑥怒りの奥にある真の気持ちを探り、怒りは二次的感情であることを知る。 <例> ・物をこわされた⇒がっかりする⇒怒り ・無視された⇒拒まれたように感じる⇒怒り	・怒りの奥には真の気持ちがある。その気持ちをすぐに素直に表現することができると、怒りに翻弄されずにすむことを学ぶ。

情動対処スキル・ストレス対処スキル

自己認知スキル・他者理解スキル

コミュニケーションスキル・対人関係スキル

意志決定スキル・問題解決スキル

創造的思考スキル・批判的思考スキル

　怒りは自分を守る力であり、行動をおこすエネルギーにもなる。しかし、一方でコントロールすることが困難な激しい感情であるため、怒りとのつきあい方を学ぶことはたいせつである。怒りの感情は我慢すると、心身に蓄積され、潜在的に有害な影響をおよぼすので、適切に表現することを学ばせたい。
　怒りをぶつけることと、自分の強い気持ちを相手に伝えることは異なることを教える。

実践ノート
(4年生)

●意外！ 怒りは悪い感情ではありません

　「怒りという感情は悪い感情ではなく、むしろ、怒りがないほうが心配です。大切なのは、怒りの感情そのものではなくて、その怒りの感情とのつきあい方です。心に怒りをためたままにしておくと、病気を引き起こす原因になります。また、怒りをためたままにしておくと、やがて怒りが爆発して、他の人を傷つけることにもなりかねません」と話すと、にぎやかなクラスが静かになり、子どもの真剣なまなざしが集まりました。

　怒りの感情それ自体は悪いものではなくて自然な感情であることを知ると、子どもたちは「えっ！」という意外な表情をします。

●ブレーンストーミングは、とっても簡単

　子どもたちにとっては初めてのブレーンストーミングでした。ブレーンストーミングは、アイディアを出す方法の1つですが、「人の意見を批判しない」というルールがあります。子どもたちにはよく理解できたようですが、たくさんの意見が出てくることが重要です。

　言いたいことがある人は立って、おたがいにゆずりあいながら発表しました。手で「どうぞ」と合図しながらも、みんなは言いたいことがたくさんありました。「怒りの体験」というテーマは、子どもたちにとってはたいへん身近なことなのでしょう。

●「怒りのタワー」で、怒りの度合いをセルフチェック

　「怒りの体験カード」（2.5cm×7.5cm大のふせん）をたくさん用意して、思いつくことを書けるだけ書くようにしました。このプログラムのねらいは、日ごろのもめごとをあげることではないので、怒った相手の名前は書かず、どのようなことで怒りを感じたのかについて書くようにします。10枚以上書いた子どもも少なくありませんでした。

　それぞれが、怒りの度合いを考えて、「怒りのタワー」にカードを貼り、色えんぴつで怒りの色を表現しました。書き出すことによって、怒りの体験が発散できたのか、すっきりした雰囲気でプログラムを終えました。

> 怒りは、あくまでも二次的な感情で、怒りのきっかけとなる一次的な感情があるはずです。怒りをコントロールするためには、その一次的な真実の感情を知ることがたいせつです。

ワーク②

●怒りのタワー

年　組　名前

できごと・体験　　**からだの感覚**　　**イメージカラー**

強 ↑

頭が真っ白になる

キレる
激怒する

ふんがいする

いまいましいと思う

怒り

イライラする

わずらわしい感じ

非難された感じ

気にさわる
ムッとする

↓ 弱

- 怒りの体験を書いたふせんを、怒りの段階と対応するようにはります。
- 「気にさわる・ムッとする」ときは、どんな色をイメージしますか。イメージする色でタワーをぬりましょう。
- □の中に、そのときのからだの感覚を書きましょう。
  <例>
  ・頭がいたくなる　・手が熱くなる

＊この図を拡大して使用すると体験カード（ふせん）が貼りやすくなります。

（右側縦書き）
情動対処スキル・ストレス対処スキル
自己認知スキル・他者理解スキル
コミュニケーションスキル・対人関係スキル
意志決定スキル・問題解決スキル
創造的思考スキル・批判的思考スキル

03 怒りをしずめるワーク

目標 怒りをしずめるには、さまざまな方法があることを知る。

方法

・腹がたったときにどんな行動をするか話し合う。
・怒りへの対応方法を話し合う（ブレーンストーミング）。
・自分に合った方法で怒りをしずめる練習をする。

用意するもの

・ワーク②「怒りのタワー」（17ページ参照）
・がくぶちのパワー（20ページ参照）

● 学習の流れ（45分）

時間	学習活動	支援のポイント
5分	①腹がたったとき、自分がどんな行動をするか話し合う。 <例> ・黙っている ・八つ当たりする　など	・怒りを体験したときに、よくとる行動パターンを出し合う。
5分	②怒りへの対応方法を考え、思いついたことを自由に発言する（ブレーンストーミング）。	・自分自身や他の人を傷つける可能性がある方法ではなく、別の方法で解決できることを確認する。
15分	③怒りをしずめる6つの方法を知る。 ①全身を使う ②耳を使う ③目を使う ④創造力を使う・表現する ⑤体をリラックスさせる ⑥笑う	・怒りをしずめる具体的な方法を出し合い、6つの方法が考えられることを示す。

5分	④自分たちが考えた方法が、どの対応になるか分類する。	
10分	⑤どの方法が自分に適するかを見つけ、怒りをしずめる練習をする。	・頭の中で怒る場面をつくり出し、自分にできる方法を実際におこない、自分に適する方法を見つける。
5分	⑥怒りをしずめる方法を練習した感想を話しあう。	

怒りをしずめる６つの方法

①全身を使う
・深呼吸する（20ページ参照）。
・スポーツやダンスをする。
・筋肉をほぐす。

②耳を使う
・音楽を聴く。友だちと話す。ひとり言を言う。
・CMソングなど耳なじみのある歌を口ずさむ。
・数字を逆に数える。（100、99、98、…）

③目を使う
・楽しい思い出をうかべる。目を閉じて怒りの場面を思い出し、瞬時にその場面を小さく、暗く、無彩色に変えることを３～４回繰り返す。怒りの場面を外からながめる（当事者としてではなく、客観的な視点で見る）。
・がくぶちのパワー（20ページ）

④創造力を使う・表現する
・気持ちを詩や手紙に書く。ししゅうや編物をする。絵を描く。
・楽器を演奏する。

⑤体をリラックスさせる
・お風呂に入る。大好きなものを食べる。マッサージする。

⑥笑う
・おもしろい映画やテレビを見る。ジョークを言う。口角を上げる。
・笑顔をつくる。

●怒りをしずめる方法

深呼吸

1. まず、ゆっくり息を吐き出す。
2. 息を吸い込んで、風船のように体に空気をためる。
3. 怒りの水たまりをイメージしながら、風船の空気をぬくように息を吐き出す。

「がくぶちのパワー」をつかう

　「がくぶちのパワー」は、テストの前などで緊張したり、落ち着かなくなったり、いやなことがあったりしたときにおこなうと気持ちがすっきりします。

1. 片方の手をおでこに、もう片方の手を頭の後に当てて、目をとじる。
2. そのままで、腹が立ったこと（困ったこと、こわいこと、悲しいこと）をゆっくりと思い出す。
3. はっきり思い出したら、それを思い描いて「がくぶち」に入れる。
4. どんな「がくぶち」かイメージする。
   - ●がくぶちは大きいですか。小さいですか。
   - ●どんな形のがくぶちですか。丸いですか、四角いですか。
   - ●どんな色ですか。濃い色ですか、薄い色ですか。
   - ●がくぶちには飾りがついていますか。どんな飾りですか。
5. 今イメージしたがくぶちを自分の好きな色・大きさのがくぶちに変え、そのすてきながくぶちを再度イメージする。
6. 深呼吸する。
7. 「がくぶち」に入れた情景をもう1度イメージし、はじめとのちがいを確認する（最初のいやな感覚が色あせるよ！）。

『ストレスがなければべんきょうはかんたん』（ゴードン・ストークス著、フォンス・アモーリス)より

実践ノート（4年生）

●怒ったときのことは、みんなが言いたい

腹が立ったとき、どのような行動をとるのかを発表しあいました。みんなは思い出しながら発表し、笑いのうずが起こります。学校でのことだけでなく、家庭でのことも、つぎつぎと体験例が出てきます。ブレーンストーミングのはずが、いつの間にか、挙手しての発表になりました。言いたいことがいっぱいで、「聞いて、聞いて」という状況でした。

....

●白熱しすぎて、ブレーンストーミングを中断

「怒りをしずめる6つの方法」（19ページ）を黒板に書き出し、具体的な方法を順番に発表しました。自由に発表するブレーンストーミングをやめて座席順にしたのは、活発な子が主導権をとってひとり舞台のようになりつつあるのをさけるためです。どの子も、話の材料をもっていて、聞き手がしっかり聞こうとする状態であれば、全員の発言も可能と思えたからです。

....

●好きなものを食べるのも、怒りをしずめる1つの方法

「怒りとうまくつきあうことや、怒りをよい方向にかえることがたいせつ」と説明しておいたので、攻撃的な解決方法を発表する子どもはいませんでした。怒りをしずめる6つの方法の、⑤自分の体をリラックスさせるでは、「おかしを食べる」という意見が出ると、すぐに「辛いものがいい」という意外な意見があったので、全員が「えーっ」とおどろきの声を上げ、クラス全体が和気あいあいとした空気につつまれました。

....

●ライフスキル学習でクラスのトラブル減少

1学期には、「男子が女子をたたく」というようなトラブルが多かったのですが、ライフスキルの学習をとり入れた2学期は、そのようなトラブルはなくなりました。ここにも、ライフスキル学習の有効性がうかがえます。

....

04 怒りのロールプレイ

目標 人に怒りを感じたとき、怒りの気持ちを効果的に伝える方法を考え、適切に対処できるようにする。

方法

- 「怒りの体験カード」（14ページで作成したもの）から選んだ3つの場面を、3種類の役にわかれてロールプレイする。
- ロールプレイから学んだことをシェアリングする。
- I（私）メッセージの練習をする。

用意するもの

- 怒りの体験カード
- 「怒っている人」「うけとる人」「観察者」の役割プラカード
- ワーク③「ロールプレイ観察のポイント」（25ページ）
- ワーク④「効果的にコミュニケートするには」（26ページ）
- ワーク⑤「I（私）メッセージ練習シート」（27ページ）

● ロールプレイ

役割（role）を演技する（play）方法で、アメリカの心理学者であるモレノが創案した心理劇（サイコ・ドラマ）を応用したもの。

参加者がある役割を演じ、その活動を通してまちがい点を明らかにしたり、解決策を見い出したりしていく。観察者は、実演者への助言を通して、実演者がスキルを改善することを支援できる。

● I（わたし）メッセージ

自分の思いを相手に伝えるときに、I（私）を主語にして、自分の思いを伝える方法。

私はこうしたい、私はこう思っていると相手に伝え、これに相手がどう対応するかは、相手の自由である。

トマス・ゴードン（『親業』の著者）が、発展させたコミュニケーションの手法。

⇔You（あなた）メッセージ

■「怒り」の場面の3つの例

- **A** 休み時間に風でとんだプリントをふまれた。
- **B** 給食のとき、スープ皿が置かれていなかった。
- **C** 集会のとき、後ろからいきなり押された。

●学習の流れ (90分)

時間	学習活動	支援のポイント
15分	①「怒りの体験カード」から3つの場面を選び、役割演技（ロールプレイ）する。 怒りの場面Aについて	・クラス全員を、グループ①怒っている役、グループ②うけとる役、グループ③観察者の3人1組に分ける。
15分	②役割ごとのグループに分かれて話しあう。	・グループごとに、自分の役割を確認する。実演者は役になりきることが重要。
5分	③グループごとに、話しあったことを生かして、効果的に伝わる表現で演じる。 ・役割を解く。	・グループ③観察者には「観察のポイント」を書いたワーク③（25ページ）を用意する。 ・グループごとに演じる。
15分	④役割グループを交代して 怒りの場面B、怒りの場面Cについても行なう。	・タイム（振り返る時間）を入れる。グループを再編成する。グループ①と②は、ワーク④「効果的にコミュニケートするには」（26ページ）を参考にして、効果的にコミュニケートする方法を考える。グループ③は、ワーク③（25ページ）を参考にしながら各自の感想を話しあう。
10分	⑤「怒りのロールプレイ」から学んだことをシェアリングする。	・観察者が良かったところを発表してもよい。 ・代表のグループが発表する。
30分	⑥ワーク⑤を使ってI（私）メッセージの練習をする。	・効果的な意思の伝達のみロールプレイする。 ・ワーク⑤「I（わたし）メッセージ練習シート」のポイントを確認してから各自記入する。 ・発表しあう。 コミュニケーションスキル、対人関係スキルとしても活用できる。

怒りは自分の感情であり、相手の責任で引き起こされたのではないこと、怒りをぶつけることは相手を攻撃することであり、自分の怒りをますます激化させる結果になることを教える。また、怒りを伝えられた側は、それを受け取るか否かは自分で判断する必要があることを確認する。怒りを受けとめるのはむずかしいが、怒りの直前に感じた、真の気持ちは認めやすいことに気づくとよい。

実践ノート (4年生)

●怒りとのつきあい方を学ぶロールプレイ

「何もしないのに、たたかれた。けられた」というような訴えが多いクラスでは、怒りのロールプレイを題材にとり入れると効果的です。

子どもたちにとって、ロールプレイという用語は初めてでも、寸劇形式はすぐに理解できます。1つのグループを3人でつくり、加害者・被害者・オブザーバー(観察者)の3つの役に分かれ、全員がすべての役を体験するようにします。

●1回目は、けんかごっこのようなロールプレイ

ロールプレイの1回目は、どのグループも大さわぎでした。けんかを楽しんでいるかのように、大きな声が飛び交います。2回目を始める前に、「怒りは自分の感情であって、その怒りを相手にぶつけて攻撃すると、怒りは消えずに、おたがいにいやな気持ちが残ります。だけど、前に話したとおり、怒りをがまんして心の中にためておくのは、体にとってよくないことです。『わたしメッセージ』として、自分がどう感じていて、相手にどうしてほしいのかを、はっきり伝えましょう。姿勢は正しく、声の大きさはふつうにね」と話しました。

すると、「せりふを書くので、紙をください」というグループが出てきました。結局、すべてのグループが短いやりとりをメモして、寸劇になりました。

■記入例

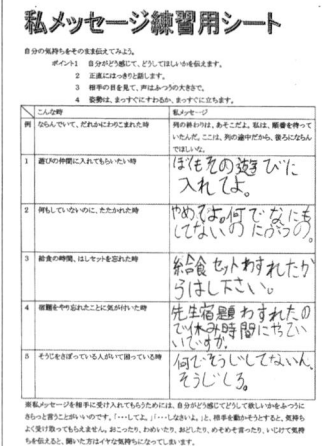

ワーク③

●ロールプレイ観察の
ポイント（観察者用シート）

年　組　名前

😄 すばらしい　🙂 いいと思う　😅 がんばれ

観察の対象	観察のポイント	評価（1回目）	評価（2回目）
怒っている役	・役になりきっているか ・自分の気持ちをあらわしているか ・問題点（なぜ怒っているかなど）がはっきりしているか ・相手の態度・気持ちをうけとり、相手を尊重しているか ・その他　気づいたこと	😄 🙂 😅 😄 🙂 😅 😄 🙂 😅 😄 🙂 😅 😄 🙂 😅	😄 🙂 😅 😄 🙂 😅 😄 🙂 😅 😄 🙂 😅 😄 🙂 😅
怒りを受け取る役	・役になりきっているか ・怒りを伝えられたとき、すぐに対応しないで、落ち着いているか ・自分の気持ちをあらわしているか ・相手を尊重しているか ・その他　気づいたこと	😄 🙂 😅 😄 🙂 😅 😄 🙂 😅 😄 🙂 😅 😄 🙂 😅	😄 🙂 😅 😄 🙂 😅 😄 🙂 😅 😄 🙂 😅 😄 🙂 😅
2つの役の関係の変化	・2人の関係にどのような変化が生まれたか ・そのキーワードは何か		

情動対処スキル・ストレス対処スキル

自己認知スキル・他者理解スキル

コミュニケーションスキル・対人関係スキル

意志決定スキル・問題解決スキル

創造的思考スキル・批判的思考スキル

ワーク④

●効果的にコミュニケートするには

年　組　名前 ＿＿＿＿＿＿＿＿＿

①怒っているグループが相手にわかるように気持ちを伝えるには

- 気持ちを落ち着かせる。
- 怒りを引き起こしたことは何かを考える。
- 最初に感じた気持ちは、どんな気持ちだったかを考える。
- 相手の気持ちや対応を尊重する。
- 自分の気持ちを伝える。相手を批判したり、要求するのではなく、自分の気持ちや考え・行動を明確に伝える。そのとき、「YOU（あなた）メッセージ」ではなく、「I（わたし）メッセージ」を使う。
  - →自分にとっての問題点をはっきりさせる。
  - →自分の気持ちや感情を表す言葉を使って、はっきりさせる。

②怒りを受け取るグループが効果的に気持ちを伝えるには

- 怒りをむけられたり自分を批判されたりしたとき、すぐには反応しない。
- 深呼吸やこれまでやってきた方法で気持ちを落ち着かせる。
- 冷静に相手をよく見て、雰囲気を感じて、言っていることを聞き、その奥にある相手の気持ちやしたいことや願い・価値観などに注意する。
- 相手の批判は相手の意見であり、受け取るも受け取らないも自分の選択である。相手の意見が自分に役立つものなのか、自分をゆたかにしてくれるものなのかをよく考え、受け取るか受け取らないかをえらぶ。
- 相手の気持ちや対応を尊重する。
- 自分の気持ちを伝える。相手を批判したり、要求したりするのではなく、自分の気持ち・考え・行動をはっきりと伝える。そのとき、「YOU（あなた）メッセージ」ではなく、「I（わたし）メッセージ」を使う。
  - →自分にとっての問題点をはっきりさせる。
  - →自分の気持ちや感情を表す言葉を使って、はっきりさせる。

ワーク⑤

●I（わたし）メッセージ練習シート

　　　　　　　　　　　　　　　　　　年　　組　名前　　　　　　　　

I（わたし）メッセージを相手に受け入れてもらうためには、自分がどう感じてどうしてほしいかを、ふつうにサラッと言うといいでしょう。「〜してよ」「〜しなさいよ」と、相手を動かそうとすると、気持ちよく受け取ってもらえません。おこったり、わめいたり、おどしたり、メソメソ言ったり、いじけて気持ちを伝えると、聞いた方はいやな気持ちになってしまいます。自分の気持ちをそのまま伝えてみましょう。

ポイント

1　自分がどう感じて、どうしてほしいかを伝えます。
2　正直にはっきりと話します。
3　相手の目を見て、声はふつうの大きさで話します。
4　姿勢は、まっすぐにすわるか、まっすぐに立ちます。

	こんなとき	I（わたし）メッセージポイント
例	ならんでいて、だれかにわりこまれたとき	列の終わりは、あそこだよ。わたしは、順番を待っていたんだよ。ここは、列のとちゅうだから、後ろにならんでほしいな。
1	遊びのなかまに入れてもらいたいとき	
2	何もしていないのに、たたかれたとき	
3	給食の時間、給食セットをわすれたとき	
4	宿題をやりわすれたことに気がついたとき	
5	そうじをさぼっている人がいてこまっているとき	

情動対処スキル・ストレス対処スキル

自己認知スキル・他者理解スキル

コミュニケーションスキル・対人関係スキル

意志決定スキル・問題解決スキル

創造的思考スキル・批判的思考スキル

05 「いや」と言うゲーム

目標 効果的に気持ちを伝える方法を考えて、演じることができるようになる。

方法
- 「いやと言う」ゲームをする。
- 「さそいの言葉例」に対することわり方を話しあう。

用意するもの
ワーク⑥「さそいの言葉例」(30ページ)のカード。

● 学習の流れ (45分)

時間	学習活動	支援のポイント
10分	①「いやと言う」ゲームをする。 スタートラインに2人1組でならぶ。1人は「誘う役」、1人は「いやという役」を演じる。「誘う役」は、言葉かけを工夫したり手をつないだりどんな方法でもよいから、相手をゴールまで連れて行く。「いやと言う役」は相手の誘いをことわる。	・教室の片側の壁をスタートラインにして、反対側をゴールにするとわかりやすい。 ・3～4分で役割を交代させる。
5分	②①のゲームで、どんなふうに誘ったか、どんなふうにことわったかを発表する。	・ことわることができた理由、誘うことができた要因(うまくいった理由)を話し合わせる。 ・ことわるときは、断固とした自信ある態度で、はっきり自分の意志を伝える必要がある。
20分	③カードのワーク⑥「さそいの言葉例」に対して、どうことわればよいか話し合う。	・「さそいの言葉例」のようなカードを提示する。 ・批判されたとき、同意できないならI(わたし)メッセージで相手に答える。
10分	④「いや」と言うことへのプレッシャーを考える。	・「いや」と言えなくても、それはあなたが悪いのではない。だれかに相談すると良いことを伝える。

実践ノート（4年生）

●いやと言えない子どもたち

　忘れものをして、悪びれもせず友だちのボンドをたっぷり使ったり、持ち主が使っている色えんぴつを、ケースごとそっくり借りて使いつづける子どもがいます。当然、貸した子どもの作業は中断してしまいます。見るにみかねて、「その状況は、おかしくない？」と注意しました。すると、別の子が、「その子、いやと言えないの」と代弁しました。
　以前にあった、こんなやりとりをプログラムの導入にしました。

●いやというのは、楽しい!?

　「いや」と言うゲームの内容は、2人1組が、誘う役と断わる役になり、誘うほうは、教室の片側の壁から反対側の壁へつれて行こうとし、断るほうは、それを拒否するというものです。もちろん、暴力や力ずくで引っぱっていくのはルール違反ですが、その心配はまったく不要で、スムーズにゲームができました。35名中、「いや」とことわりきれず、反対側に誘導されたのは2人でした。

●真剣なまなざしが集まった担任の話

　楽しいゲームを終え、一転してつぎのように語りかけました。
　「自分を守るために、いやというのは、たいせつなことです。みなさんが、これから成長していくにつれて、いろいろな誘いがあります。例えば、高学年になって、万引きの誘いがあったり、中・高生になって、お酒やタバコ、また麻薬の誘惑があったりするかもしれません。そんなときは、今日の授業を思い出して、はっきり断りましょう。人の言いなりになって自分の尊厳を失うことは、自分をたいせつにしていないことになります。自分をたいせつにできない人は、けっして、他の人のこともたいせつにできません。それでも、いやというのに、たいへん勇気のいるときもあります。たとえ、いやと言えなくても、自分がいけないんだとは思わずに、だれか信頼できる人に相談しましょう」
　誘いの言葉とそのことわり方の話し合いでは、みんながノリノリで発表しました。

●さそいの言葉例

ワーク⑥

年　組　名前

- あなたに、ぜひ来てもらいたいの
- 友だちだと思っていたのに……
- 来なかったら絶交よ
- まさか、うらぎるの？
- おくびょう者、こわいんだろ
- たのむよ、君だけがたよりなんだ
- いつでも、いっしょだったじゃない
- わたしが信じられない？
- なぜ、いっしょにこないの？
- それくらい、いいじゃない
- 勇気がないの？
- いいかっこうしたいの？
- いつも、いいわけばかりね
- あなたの言うとおりにするから、行こう

06 気持ちを伝える3つの方法

目標 自分の気持ちを伝えるとき、3つのタイプがあることを学び、アサーティブな表現形式を体験する。

方法

- ワーク⑦「自分の気持ちを伝える3つのタイプ」(34ページ)を知る。
- 葛藤場面の会話が3つのうちのどのタイプか分類する。
- アサーティブな表現を練習する。
- ワーク⑨「子どものアサーション権」(35ページ)を読む。

用意するもの

ワーク⑨「子どものアサーション権」(35ページ)、ワーク⑩「葛藤場面の会話例」(35ページ)

アサーション

自己表現には、攻撃的・非主張的・アサーティブの3種類がある。アサーションとは、自分も相手も大切にした自己表現。相手のこと(立場や権利)に配慮しながら、自分の気持ちや意見を率直に素直に表現し、たがいに気持ちよくコミュニケーションすること。

I am OK. You are OK.

「わたしも OK、あなたも OK」。自分のことも他者のことも存在として尊重し、価値を認めようとする考え方。アメリカの精神科医エリック・バーンによって始められた「交流分析」という心理療法の前提となる人生態度。

自分らしく、個性を自由に表現して、周囲と健康的にかかわることができるようになること。これが、交流分析の目的である。

この人生態度をとる人は、いっしょにいると安心でき、仕事面でも協力体制がとりやすい。さらに、自他のちがいをうけ入れることができるので、楽しいコミュニケーションを持続することができる。

●学習の流れ (45分)

時間	学習活動	支援のポイント
5分	①ブレーンストーミングで、マンガ『ドラえもん』に出てくるのび太・ジャイアン・しずかちゃんのタイプについて話しあう。	・アニメのキャラクターである3人について、イメージすることを出し合う。
15分	②自分の気持ちを伝えるとき、3つのタイプがあることやアサーティブな表現を知る（ワーク⑦、34ページ）。 ①のび太型（うじうじさん） ②ジャイアン型（いばりやさん） ③しずかちゃん型（さわやかさん）	・3人の特徴から3つのタイプ名を示し、それぞれの表現を説明する（ワーク⑦、34ページ参照）。 ・望ましいのは、③しずかちゃん型のアサーティブな表現で、その表現の方法を提示する。
10分	③葛藤場面の会話例（ワーク⑩）がワーク⑦の①②③のどのタイプか考え、そのコーナーに移動する。	・3つのコーナーに分け、各タイプを表示しておく。 ・紹介された会話が、どのタイプになるか考えて移動する。 ・ワーク⑩にあるA〜Cの3場面を紹介する。2例は③しずかちゃん型以外にする。
5分	④③の2つの例を、しずかちゃん型で表現する。	・3の①のび太型、②ジャイアン型の表現を、アサーティブな表現にして発表する。
10分	⑤「子どものアサーション権」（35ページ、ワーク⑨）を全員読み、権利を知る。	・「I am OK. You are OK.」（31ページ参照）の人生態度について発展的に話してもよい。 ・葛藤場面の会話例を参照する。 ・コミュニケーションスキル、対人関係スキルとしても活用できる。

実践ノート（4年生）

●アサーションはドラえもん？

　このプログラムは、クラスの全員が集中して取り組むことができます。
　①のび太型はうじうじさん、②ジャイアン型はいばりやさん、③しずかちゃん型はさわやかさん……、イメージしやすいキャラクターを出しました。テレビアニメに出てくる名前で、クラスの空気が一気になごみます。主張的・非主張的・攻撃的というなじみのない言葉も、子どもたちはすぐに理解して使いこなしました。
　ある子どもは、「ぼくは、のび太のときもあるし、家ではジャイアンみたいになるときもあります」と発言しました。同じひとりの人間でも、ときと場合によっては異なる対応をする自分がいることに、多くの子どもたちが共感しました。

●アサーションとセルフエスティームを教える

　アサーションは、すべての人にとって有効です。思春期の入り口に立つ高学年の子どもも、10項目の「子どものアサーション権」（35ページ）をしっかり身につけて、正当な自己主張ができ、積極的に問題を解決する力にしてほしいものです。そして、これは保護者にも理解していただきたい権利でもあります。
　ライフスキルのプログラムは、おもに道徳や総合の時間を当てています。ライフスキルの学習は、「I am OK. You are OK.」でおこなわれます。子どもたちを肯定的に受け入れるようにすると、子どもたちも構えることなくのびのびと学習に取り組みます。
　アサーションとセルフエスティームの学習は、これまでとはひと味ちがう充実感と手応えを覚え、さわやか感が残りました。素直で、しかも、砂に水がしみ込むように学ぼうとするする子どもたちの姿に、たくましさを感じました。

ワーク⑦

●気持ちを伝える3つのタイプ

①うじうじさん：非主張的（ノンアサーティブ）
　自分の考えを表現しなかったり、しそこなったりすることで、自分から自分の言論の自由（人権）をふみにじっているような言動。非主張的な言動をしているときは、いっけん相手にゆずっているように見えるが、実は自信がなく、不安が強く、それをかくして卑屈な気持ちになっていることが多い。

②いばりやさん：攻撃的（アグレッシブ）
　自己主張はしているが、暴力的に相手を責めたり大声でどなったりして相手の言い分や気持ちを無視・軽視し、相手を自分の思いどおりに動かそうとするような言動。堂々としているように見えるが、どこか防衛的で、必要以上にいばっていたり強がっていたりする。後味が悪く、対人関係はギスギスしたものになる。

③さわやかさん：主張的（アサーティブ）
　率直に自己表現し、同じように相手の言論の自由も尊重する。葛藤が起きても、すぐさまおれて相手にゆずったり、相手が自分に同意してくれることを期待したりしない。めんどうがらずに意見を出し合い、ゆずったりゆずられたりしながら、双方にとって納得いく結論を出そうとする。

ワーク⑧

＜アサーティブな表現＞
・アサーションに必要な2つの条件
①問題はだれのものかを明確にする。　②感情とことがらを分離する。

●会話の手順
①相手に状況を客観的・具体的にのべる。
②それに対する自分の感情的反応を伝える（評価的にならない）。
③相手への提案をのべる（同意を求める）。
④結果を予想し、選択する（同意が得られたら自分はどうできるか、同意が得られなかったら自分はどうするかなどを伝える）。

●表現するときのポイント
①恥ずかしがったり、遠慮せずに思ったままを話す。
②姿勢や態度、声の調子は堂々としていて、おだやかに話す。
③自他ともに尊重する。

●子どものアサーション権

ワーク⑨

年　組　名前 _____

だれもが、ただしく自己主張するための権利をもっています。自分のことも、他人のこともたいせつにするための権利がアサーション権です。

	アサーション権
1	わたしには、自分が思っていることをいう権利がある。
2	わたしには、「はい」「いいえ」を自分で決める権利がある。
3	わたしには、まちがえる権利がある。
4	わたしには、考えを変える権利がある。
5	わたしには、「わかりません」という権利がある。
6	わたしには、ほしいものをほしいといい、したいことをしたいという権利がある。
7	わたしには、人の悩みごとを自分のせいだと思わなくていい権利がある。
8	わたしには、ありのままの自分で、人とかかわる権利がある。
9	わたしには、自分の考えを表現しない権利がある。
10	わたしには、ほかの人とおなじようにたいせつにされる権利がある。

『アサーショントレーニング—さわやかな「自己表現」のために』平木典子（日本・精神技術研究所）より

ワーク⑩

葛藤場面の会話例

場面	①うじうじさん	②いばりやさん	③さわやかさん
A　保健室でけがの手当てをしてもらっていたために、給食の片づけができなかったときに「さぼったでしょ」と言われたとき。	ごめん……。	うるさい。さぼってなんかいないよ。	ごめんね。けがをして保健室に行っていたの。片づけてくれてありがとう。
B　友だちと遊ぶ約束をしていたのに、すっぽかされたとき。	（そのことには、何もふれない）	なんだよ、約束したじゃないか。うそつき。もう二度と遊ばないぞ。	いっしょに遊ぶ約束だったからずっと待ってたの。遊べなくてさびしかったわ。
C　ろうかを走ってきた友だちとぶつかって、すごくいたいとき。	（シクシク泣く）	なんだよ。いたいじゃないか。あぶないなあ！やめろよ。	ろうかは歩いて。ルールでしょう。ぶつかっていたいわ。

■声のトーンやボディーランゲージによってタイプの分類が異なってきます。

07 自分となかよくできないわたし

目標 自分の性格の中の好きでない面を見つめ、それを認めることができるようにする。

方法
・自分の性格の中には、好きになれない面もあることに気づく。
・なかよくできない自分と、変えたい自分をイメージ画で表現する。
・なかよくできない自分に手紙を書く。

用意するもの
クレパス、画用紙、メッセージ用紙

● 学習の流れ （45分）

時間	学習活動	支援のポイント
10分	①自分の性格の中にはいろいろな面があることを話し合う。	・性格は1つではなく、いろいろな面があることをプログラム3「自分カルタ」（48ページ）などをふり返り確認する。
5分	②自分の性格の中には、自分で好きになれない面をもっていることをシェアリングする。	・性格に良し悪しはないことを伝える。 ・支援者自身のことを例として話すとよい。
10分	③なかよくできない自分を、イメージで表現する。（第1のイメージ画） ＜例＞ ・どんな色？　どんな形？ ・どんな匂い？　硬さは？	・イメージしやすいように、質問を投げかける。イメージする形のヒントには雲、木、光、貝などがよい。 ・右脳に通じる左手で描いてもよい。
10分	④なかよくできない自分を、どんなふうに変えたいかをイメージで表現する。（第2のイメージ画）	・もう1枚に、③と同様にイメージして表す。
10分	⑤2つのイメージ画を見比べ、「わたしからなかよしでないわたしへ」手紙を書く（ワーク⑪、38ページ）。	・イメージ画を、左右の手にのせて比べてもよい。

実践ノート（2年生）

●イメージを絵にするのは、みんな得意

　「自分カルタ」のプログラム（48ページ）を経て、子どもたちは「性格には良いも悪いもない」ということを知りました。しかし、自分としては、「いやだなあ」と自覚している部分もあります。そんな性格を見つめて、それも合わせて自分の性格として認めようというのがこのプログラムの目標です。

　自分の性格のすべてが好きという人はいません。目をとじるように指示して、「自分でいやと思う性格を、色にたとえると何色？　どんな形？　どんなにおい？」などと問いかけ、そのイメージをクレパスで描きました。上手に描くことよりも、気持ちが正直に表れているかどうかがたいせつなのです。

　つぎに、好きでない性格を、どんな風に変えたいか、そのイメージを描きました。みんなの絵が一転しました。暗い色から明るい色へ、ギザギザの形が多かったのに雲のようにふわふわした形や、丸みを帯びた形に変わっていきました。

●「こんにちは、自分さん」自分への手紙

　みんなが書いた「わたしから　なかよしでないわたしへ」の手紙を読んで、子どもたちは自分の弱いところをつかんでいることはよくわかりました。いくつかあげてみます。

　ある子どもは、「あんたなんかきらい。ごちゃごちゃしてんじゃないよ。もっとがんばろうよ」と自分自身を叱咤激励（しったげきれい）しています。一方、いやな自分も、いい面があるのだからつきあっていこうとする手紙もありました。「きみは、家ではおとなしいのに、外に出るとなんでいじわるな性格が出てくるんだ。でも、どの性格もわるい性格じゃないんだよ。なかよしで、これからもがんばっていこうな。じゃあな」「おこりんぼのわたしへ。注意するときに、おこりんぼになるので、あんまり関係ないときに口出さないでね！　おこりんぼさん、これからもいっしょに生きていき、そしてわるいことをしている人を注意していこうね！　じゃこれからも４６４９（よろしく）ね！」

> 　プログラムの終わりのシェアリングでは、「右と左の絵をもったとき、左の方が重い感じがする」という発言があり、「そうそう」と声があがりました。もう一度もってみると、「そんな気がする」と同調の声が増えました。「左手は、なかよしでないわたしの絵をもって」と指示してあったのです。心の重さが、実際の重みとして感じられるのはすごいことだと驚きました。

情動対処スキル・ストレス対処スキル

自己認知スキル・他者理解スキル

コミュニケーションスキル・対人関係スキル

意志決定スキル・問題解決スキル

創造的思考スキル・批判的思考スキル

ワーク⑪

● わたしから
　なかよしでないわたしへ

年　組　名前

第2章

自己認知スキル・
他者理解スキル

　自分のことをたいせつにできる人は、まわりの人もたいせつにできます。この章のプログラムを体験することによって、自分が好きなことやきらいなこと、さらに、自分の性格や願望がわかるようになります。そして、それが自分とちがう他者への理解につながり、相手の気持ちになって感じ、考えることができるようになります。

01 わたしってどんな人

目標 コラージュを通して自分を表現し、自分に目を向けることができるようになる。

方法

- 4人のグループに分かれる。
- コラージュ（10ページ参照）で「わたしの気持ち」を表す作品をつくる。
- おたがいの作品を見せあい、1人ひとりの作品のちがいが、個性のちがいを表していることを確認するとともに、みんなと関わりあっている自分に気づく。
- 台紙を区切り、「家でのわたし」「学校でのわたし」などと場面を設定して表現する方法もある。

用意するもの

雑誌の切りぬき・新聞紙・広告・包装紙・綿・毛糸・布など、コラージュ作成のための素材
のり、接着剤、はさみ、画用紙、カラーフェルトペン

■たのしい気持ち　作品例

■しあわせな気持ち　作品例

●学習の流れ（45分）

時間	学習活動	支援のポイント
25分	①「わたしの気持ち」という題で作品をつくる。 ・心の形の中に「わたしの気持ち」を表すように絵を貼っていく。 ・コラージュを使って自由につくる。	・4人のグループに分かれる。 ・わたしの心を表すペンの色を選ぶ。 ・わたしの心の形を、画用紙いっぱいに線描きする。 ・雑誌の切りぬき以外にも、布・木の葉・木の実など、いろいろな素材を用いるとよい。 ・グループごとにゴミ袋を用意しておく。
10分	②できあがった作品を見せあう。 ・グループの中で発表する。 ・クラス全員の作品を見てまわる。	・作品を見せながら、どんな気持ちを表現したのかを説明したり、質問したりしておたがいの気持ち（性格）を知る。 ・机の上の作品を見てまわる。
5分	③みんなちがうということを知るとともに、それぞれがかかわりあっていることを知る。	・自分を認めること、そして友だちを認めることは、ひいては、自分の人生を豊かにすることだと知らせる。 ・発展的なアドバイスとして、「分けても分けても減らないものはなに？」となぞなぞを出し、喜び・愛・希望などは相手と分かちあうことで豊かになることや、キャンドルファイヤーの分火場面で分けることで光がより明るくなることなどの例を示し、共感することのたいせつさを伝える。
5分	④シェアリングする。	

情動対処スキル・ストレス対処スキル

自己認知スキル・他者理解スキル

コミュニケーションスキル・対人関係スキル

意志決定スキル・問題解決スキル

創造的思考スキル・批判的思考スキル

実践ノート（2年生）

●気持ちを形にするのはお得意です

　2年生は、「わたしの気持ち」をコラージュで表現するという抽象的なことができるのかなと、少し不安でした。気持ちの表現については、国語の『スーホの白い馬』の学習で、スーホの気持ちや白馬の気持ちを学んだ直後だったので、自分の気持ちを説明することはそれほどむずかしいことではなかったようです。また、自分の気持ちを「形と色」で表すことも、ほとんどの子どもたちは、感覚的にパッとできました。

　グループでの作業なので、ともすれば、似かよった表現になりがちです。そこで、1人ひとりが個性的な表現をしているグループをとり上げ、「まねをしないで自分でよく考えて、気持ちを色や形にできていますね」と、クラス全体に声をかけました。

●切り貼り大好き、コラージュ

　コラージュについては、初めて取り組む子どもが大多数でした。絵や写真などを切りぬいて貼りつけることを理解すると、みんな楽しそうに熱中して取り組みます。材料を交換するグループもあり、いいコミュニケーションが成り立っています。

●シェアリングは、グループごとの発表会

　コラージュの作業で、クラス全体が盛り上がって楽しんでいるところで、残り10分間を用いて、シェアリングという言葉を「おたがいに自分の作品を発表しあって、友だちの作品をよく見て聞いて、自分と他の人の気持ちや考えを分かちあうことです」と説明しました。

　各グループごとに発表の順番を決めて、見せあいます。とくに、自分のおすすめのところを伝えるようにうながすと、はずかしがったりせず、発表が活発になりました。

●取り組みのおそいグループ

　子どもたちは、みんなコラージュが大好きです。ただ、あるグループだけ、4人ともコラージュが未完成でした。それは、元気はあるけれど、友だちに対して否定的で自己中心的な言動の多い子どもが1人いるグループです。勝手な1人対、それを責める3人という構図が進行を滞らせていました。その子どもは、「うれしい気持ち」と題しながら、黒いマーカーで小さな旗を描いており、何ものりづけされていませんでした。特別な配慮が必要なことを実感しました。

02 よいとこビンゴ

目標 自分の良いところに気がついて、自分を好きになることができる。

方法

- 自分が自慢できることや、すてきだなと思うことをブレーンストーミングで出しあう。
- ビンゴ用紙に自分の良いところを書く。
- 相手をさがして、書き入れた良いところを言いあうビンゴゲームをする。
- 体験を話し合う。

用意するもの

ワーク⑫、赤えんぴつ

ビンゴ

ここでのビンゴ表は、縦3マス・横3マスの計9マスである。
マス目には、数字を記入するのではなく、自分の良いところを自分で書き入れていく。

■よいとこビンゴ 作品例

●学習の流れ (45分)

時間	学習活動	支援のポイント
10分	①「自慢できることや素敵だなと思うこと」をブレーンストーミングで自由に出しあう。 《例》 ・計算が速くできる ・好ききらいがない ・元気　など	・クラス全体でおこない、板書する。 ・一見、短所だと思えることや奇抜だと思えることなどもとりあげる。 ・困っている子どもがいたら、みんなに聞こえるか聞こえないかのような声で長所を伝えると、子どもの顔がパッと明るくなります。
10分	②「よいとこビンゴ」（ワーク⑫）用紙に自分のよいところを9つ書き入れる。	・ブレーンストーミングで出たものを参考に書き入れる。
10分	③ビンゴゲームをする。 ・席を立ち、自由に相手を探す。 ・握手して、 「こんにちは、○○さん」とあいさつする。 ・おたがいに自分のワーク⑫「よいとこビンゴ」に書き入れた良いところを1つ言い合う。 ・相手と同じことが自分の用紙にあったら、赤丸をつける。 ・相手をかえて繰り返しおこなう。	・多くの友だちとゲームをするように促す。 ・相手にもありそうな良いところを言う。 ・縦・横・斜め、赤丸が一列に並べば、ビンゴ。ビンゴになっても、合図があるまでダブルビンゴ、トリプルビンゴとなるよう楽しむ。
15分	④シェアリングする。 ・自分のこと ・友だちの良かったこと	・ゲームを楽しむ中で、自分の良さを改めて認識するとともに、友だちの良さも認める。 ・1つもビンゴできなかったり、少なかったりした場合について考える。「他の人がもっていない、その人だけの良いところをたくさんもっているんですね。とても貴重な宝石をもっているような人ですね」と残念な思いをしている子どもを勇気づける。

実践ノート（2年生）

●「よいとこビンゴ」は、導入勝負

　算数で九九ビンゴ、英語でもビンゴゲームをしたことがあり、ビンゴで盛り上がることは十分に予想できました。

　問題は、自分のいいところを9つも出せるかどうかです。支援者として、まず教師自身のセルフエスティーム（自己肯定感）を高めておく必要があります。黒板に大きく9つのマスを書きました。モデルとして教師の「よいとこビンゴ」を披露するためです。すばやく、つぎつぎに、「元気いっぱい」「字がきれい」など自分のいいところを書き入れました。子どもたちは、笑ったり、つっこみを入れたりしながら見ています。先生は、つぎに何を書くのだろうとわくわくするようすが背中から感じられます。

　そんな楽しい雰囲気の中で、子どもたちは、つぎつぎに自分のいいところを書きこんでいきます。前年に実践した4年生に比べて、2年生は、書き入れることに抵抗がありませんでした。素直にはずかしがらずに、さっさと完成させていきました。

●マスがうまったら、席を立って大喜びのビンゴ大会

　ダブルビンゴ、トリプルビンゴになると、黒板にその子どもの名前を書きます。みんな一生懸命です。

　シェアリングでは、「楽しかった」「もっと時間がほしかった」「自分の良いところが書けてうれしかった」「他の人の良いところがわかってよかった」など、多くの意見が出ました。

●ビンゴにならない子どもには

　授業のしめくくりは、ビンゴにならなかった子どもへの配慮です。まったくビンゴなし、という子どもはいませんでしたが、ダブルビンゴにならなかった子どもがいたので、赤丸の少なかった子どもについて、「そういう人は、他の人がもっていない貴重な宝物をもっているんですね。たいせつにしてね」といい、「自分を好きであることは自分をたいせつにすることになり、自分を好きである人こそ、友だちを好きになれてたいせつに思える。だから、自分を好きになってほしい」と伝えました。

実践ノート（6年生）

●より好ましい関係を築くために交流学級で

　特別支援学級在籍のAさんは、3年生の9月に転校してきて以来、クラスの子どもたちとたびたびトラブルを起こしました。6年生になってクラス替えのあった4月に、交流学級の友だちに「Aさんについてもっと知って、より好ましい人間関係を築いてもらいたい」と願ってこのプログラムを実践しました。

●ブレーンストーミングで、よいとこ見つけ

　まず、ブレーンストーミングの「他人の発言を批判しない」などのルールを説明してから、みんなでAさんの良いところを出しあいました。「虫を上手に捕まえる・食べ物のことをよく知っている・人を笑わせる」などが出ました。
　つぎに、担任が、日ごろ子どもたちが目にしているAさんのようすを考慮して、「こだわりが強い・あいまいなことがわかりにくい」など、Aさんの苦手なことや不得手なことを、具体的に話しました。
　「掃除して」ではなく「机を10個ふいて」というと行動できることも具体的に説明しました。
　さらに、特別支援学級で苦手なことを克服するために学んでいることや、他人や自分に対して、また、危険なことをしたときには、きびしく繰り返して注意していることなども知らせました。
　そして、Aさんがこのクラスのすばらしいなかまになるために、できることは何かを話し合いました。Aさんに対して、「注意のしかたを考える」「わざとちょっかいを出さない」「不適切な言葉や行動に注目しない」などの意見が出ました。
　授業の感想では、「Aさんが、読書のとき急に大きな声を出したりするのがいやだったけど、いいところの方が多いです」など、Aさんを認めようとする気持ちが感じとれました。
　友だちが見つけてくれたよいところを1つひとつ読みあげると、Aさんがうれしそうないい顔になっていったのが印象的でした。

●よいとこビンゴ

ワーク⑫

年　組　名前 ＿＿＿＿＿＿＿＿

【方法】
①自慢できることやすてきだなと思うこと、自分のよいところを9つ書きましょう。
②友だちとあいさつして、おたがいに書き入れたよいところを1つずつ言いあいましょう。
③同じことであれば、赤丸をつけましょう。
④ちがう友だちとくりかえしおこないましょう。

03 自分カルタ

目標 性格を表す言葉集めを通して自分の性格を考え、自分を見直すことができる。

方法
・4人グループに分かれる。
・ブレーンストーミングでどんな性格があるか考える。
・自分の性格を言葉で表す。
・イラストを描いたカルタを並べ、自分を見つめる。

用意するもの
カルタ用紙（画用紙など厚い紙　縦9cm×横6cmくらい）・筆記用具・色えんぴつ

■性格を表す言葉の例

明るい	陽気	のんびり	まじめ
わがまま	はずかしがり	内気	面倒くさがり
あきっぽい	きちょうめん	社交的	おこりっぽい
負けずぎらい	思いやりがある	おしゃべり	行動的
いいかげん	短気	がまん強い	泣き虫
無口	正義感が強い	神経質	ねばり強い
要領がわるい	だらしがない	あきらめない	努力家
活発	おせっかい	やる気がない	おおらか

■「自分カルタ」　作品例

● 学習の流れ （45分）

時間	学習活動	支援のポイント
10分	①性格にはどんなものがあるかブレーンストーミングで出し合う。 ・4人グループでおこなう（3分）。 ・グループごとに1つずつ発表していく。	・例として『ドラえもん』に登場する「のび太」はどんな子か考えてから、ほかにどんな性格があるか発展させてもよい。 ・グループで出たものを、クラス全体で共有する。 ・左ページの「性格を表す言葉の例」も参考にする。
10分	②自分の性格を表す言葉を、カルタ用紙に書く。	・あとで絵が描けるように、カルタの上の方に文字を書く。 ・自分の性格は1つの言葉では表現できないこと、いろいろな面があること、性格には良いも悪いもないことを伝える。
15分	③性格を表す言葉にあったイラストを描く。	・思い起こして描く。 ・絵が描きにくいときは、イメージや文字だけでもよい。
5分	④自分のカルタを並べる。	・自分でつくったカルタの中で、自分の性格を最もよく表すものを中心に置いて、その他のカルタを関係づけながらまわりに並べていく。
5分	⑤グループでシェアリングする。	・1人ずつ並べたカルタについての思いを話す。 ・ありのままの自分をたいせつにすることで、生き生きとくらすことができると伝える。

情動対処スキル・ストレス対処スキル

自己認知スキル・他者理解スキル

コミュニケーションスキル・対人関係スキル

意志決定スキル・問題解決スキル

創造的思考スキル・批判的思考スキル

実践ノート（2年生）

●2年生は、ブレーンストーミングは苦手？

まず、ブレーンストーミングを学びました。いつもは、言いたいことがあるときは、手を上げる決まりになっています。ブレーンストーミングのルールでは、挙手をせずに意見を言ってもいいのですが、そう言われると、かえって言いづらいのか、なかなか言葉が出てきません。そこで、「ジャイアンはどんな性格？」「のび太はどんな性格？」とうながすと、ようやく出始め、「みんなの家族は、どんな性格ですか？」と聞くや、もう聞きとれないほど活発に発言がとびかいました。

●性格なんでもOK！

いよいよ、カルタを書きます。初めに、「性格にはいいも悪いもない」ということを伝えました。これには、意外な表情を見せた子どもが多数いました。次のプログラムの04「短所を長所にリフレーミング」で見方を変えることを学ぶので、その前段階として、ぜひとも押さえておきたいポイントです。もち前の性格を、どんな場面で、どう出すかが、いい悪いを決めるのです。具体例として、担任の「明るい、おおらか、のんびりや」の性格について話しました。

「おおらかという性格は、小さなことにくよくよしないという意味ではいい性格だし、人ざっぱであるという意味にとると悪い性格です。自分の性格をよく自覚していれば、ある場面に接したとき、どのようにふるまうとよいかがわかるようになります。だから、おおらかな性格がいいとか悪いとかは、簡単には言えません。このクラスのみんなのことも、先生は、この子はいい性格とか、あの子は悪い性格とか決めていなくて、みんな、それぞれの性格をもち、かけがえがなくたいせつな人だと思っています」と強調しました。

●自分の性格を3枚のカルタにしよう

性格には、いいも悪いもないことを納得したみんなは、何を書いてもいいのだとわかったようでした。1人3枚ずつ、「泣き虫・甘えんぼう・食いしんぼう」「がんばりや・元気・明るい」「元気・文句ばかり言う・すぐキレる」「泣き虫・きちょうめん・こわがり」「おとなしい・負けずぎらい・おこりんぼう」などと、つぎつぎに書いていきます。

自分カルタをならべるときは、それぞれ横や斜めなどに並べ、シェアリングしていました。最後の全体でのシェアリングで、「わたしの3つの性格は、全部つながっていると思いました」という意見も出て、その洞察力に感心しました。

授業のしめくくりは、「ありのままの自分をたいせつにして、自分を好きになってほしい」と伝えました。そして、グループごとにカルタ遊びをし、和気あいあいとした雰囲気のなか、終わりのチャイムが鳴りました。

04 短所を長所にリフレーミング

目標 自分の「短所」も見方を変えるとりっぱな「長所」になることがある。リフレーミングによって自分を見直し、セルフエスティームを高める。

方法

- 4人グループに分かれる。
- リフレーミングについて知る。
- 白紙のカルタに自分の「短所」を書いて、他の人にリフレーミングしてもらい、裏に「長所」として書き変えてもらう。
- 友だちの「短所」を、リフレーミングして「長所」に書き変える。

用意するもの

カルタ用紙（画用紙などの厚い紙　縦9cm×横6cm）、筆記用具、色えんぴつ

リフレーミング

　ものの見方・枠組みを変えること。同じ状況にあっても、視点を変えることによって受ける感じ方が大幅に変わる。肯定的意味づけとも呼ばれる。
　困難と思われる事態でも、柔軟で多様な考え方をすると、解決策が見つかることもある。アルバート・エリスの論理療法では、このことを、「ビリーフ（思い込み）を変える」と言う。

■カルタの例

おしゃべり → 人づきあいがよい

●学習の流れ （45分）

時間	学習活動	支援のポイント
4分	①リフレーミングについて知る。	・「短所は見方によって長所になる」ことを、支援者が具体的に例をあげて説明する。 ・『ワニくんのおおきなあし』（みやざきひろかず、BL出版）を読んでもよい。
5分	②4人グループになり、自分の短所をカルタに1人3枚ずつ書く。	・あとで絵が描けるように、カルタの上の方に文字を書く。
8分	③自分の短所を書いたカルタを他の3人に1枚ずつ渡し、他の人からも1枚ずつもらう。そのカルタの裏に短所を長所にリフレーミングして書き変える。自分のカルタを相手から返してもらう。	・ワーク⑬「短所を長所にリフレーミング！」（54ページ）を配ってもよい。プリントを参照してもよいので、各自で魅力ある長所に変えるよう支援する。
8分	④グループでシェアリングする。	・リフレーミングされた自分のカルタをみて、その感想をグループごとに話し合う。
10分	⑤全体でシェアリングする。	・各グループでどんな話し合いをしたのか、1人ずつ全体に紹介する。
10分	⑥それぞれのカルタにイラストを描いて色えんぴつでぬり、自分カルタを完成させる。	・イメージで色をぬってもよい。 ・時間に余裕があれば、グループごとにカルタ遊びを工夫することもできる。

実践ノート（2年生）

●リフレーミング、ものは考えよう

　このプログラムの準備をしていたら「また、カルタだ」と、みんなが、うれしそうに集まってきました。
　まず、リフレーミングについて説明しました。性格には、いいも悪いもないということをもう一度確認し、短所・長所という観点から考えてみました。短所と思われる性格でも、見方によっては長所になることを、いくつかの例をあげてリフレーミングして考えました。プログラム03「自分カルタ」（48ページ）で多く出た「泣き虫」についても、「よくなさそうに思えるけれども、泣き虫であるというのは、感受性が豊かだから悲しくなるのだ」ということを説明しました。

●何でもOK！　全部いい性格に変身

　各人が、短所と思われがちな性格を3つ書きました。「すぐキレる・うそつき・言葉の暴力をはく」「わがまま・調子にのる・面倒くさがり」「うそつき・わがまま・怒る」「らんぼう・いばりんぼう・怒りんぼう」「のろま・くやしがり・寒がり」「無口・ちょっかい・わがまま」など、なかなか自分がよくわかっています。
　黒板に、代表的な短所をいくつか書き、子どもたちの意見を聞きながらリフレーミングして板書します。同じように、グループで他の人のカードをリフレーミングする時間をとりました。
　この日の日記には、「今日の5時間目、また、カルタを作りました。悪そうなせいかくでも、いいせいかくだってことをしった。たのしかった」「今日、短所を長所にリフレーミングをやりました。わたしは、人の気持ちもわかったし、ほんとうにいいべんきょうになりました。あと、カルタあそびがおもしろかった」「今日、あたらしいカルタを作って楽しかったです。はんの中ではっぴょうするのも、おもしろかったです」など、このプログラムについての感想が多数寄せられました。

ワーク⑬

●短所を長所にリフレーミング！

年　組　名前

短所……いいと思われない性格。
長所……いいと思える性格。

☆ほんとうは性格にいいもわるいもありません。いやだと思われる性格も、たいせつな自分の一部です。よく考えてみると、そこにも魅力がかくされていますよ。
☆リフレーミングとは、見方を変えること。考え方を広げてみましょう。

短所	長所
内気	でしゃばらない
おこりっぽい	反応がはやい
おちつきがない	活発、いきいきしている
あきっぽい	知りたいことや、やりたいことがいっぱいある
やる気がない	自分のしたいことをするためにエネルギーをためている
すぐ泣く	感情がゆたか
うるさい	元気いっぱい
はんこうてき	自分の意見をもっている
はずかしがりや	おくゆかしい・でしゃばらない
わがまま	自分をだいじにしている
暗い	考えぶかい
だらしがない	小さなことにとらわれない
のんき	おおらか
どじ（失敗が多い）	学びが多い
いいたいことがいえない	じっくり考えて、あさはかなことをいわない
おしゃべり	人づきあいがいい

05 等身大の自分①

目標 自分と他人の良いところに着目し、認めあえるようにする。

方法
・全員の良いところを記入する。
・2人1組になり、等身大の自分の輪郭を写しとる。
・等身大のシルエットにワーク⑭「よいとこカード」(58ページ)を貼る。

用意するもの
模造紙（2人で3枚　新聞紙やカレンダーの裏なども利用できる）
のり、はさみ、セロハンテープ、ゴミ袋
よいとこ記入カード

■「よいとこカード」記入例

1 (Aさん) 大きな声で返事するところ。	2 (Bさん) 体育係をがんばっているところ。	3 (Cさん) そうじをがんばってしているところ。	4 (Dさん) 発表をよくするところ。	5 (Eさん) 1年生にやさしいところ。
6 (Fさん) チャイムの合図を守っているところ。	7 (Gさん) ウサギの世話を続けているところ。	8 (Hさん) わからないことを教えてくれるところ。	9 (Iさん) 楽しく話すところ。	10 (Jさん) 消しゴムを貸してくれるところ。
11 (Kさん) 読書に集中しているところ。	12 (Lさん) こまやケン玉が上手なところ。	13 (Mさん) きれいな声で歌うところ。	14 (Nさん) 先生の話をよく聞いているところ。	15 (Oさん) 約束を守るところ。

情動対処スキル・ストレス対処スキル

自己認知スキル・他者理解スキル

コミュニケーションスキル・対人関係スキル

意志決定スキル・問題解決スキル

創造的思考スキル・批判的思考スキル

55

●学習の流れ（60分）

時間	学習活動	支援のポイント
15分	①自分をふくめ、クラス全員の良いところを記入する（ワーク⑭、58ページ）。	・ふせんにそれぞれ記入してもよいが、クラス全員の名前を印刷した一覧表（ワーク⑭、58ページ）に良いところを記入したのち、分割してもよい。
10分	②2人1組になって、模造紙に等身大の自分を写しとり、自分の名前を書く。	・床に置いた模造紙の上に寝転んで好きなポーズをとり、おたがいに写しとる。 ・シルエット（人型）を切りとって床に置く。
20分	③全員の等身大シルエットそれぞれに、その「よいとこカード」を貼っていく。	・友だちのシルエットに、その友だちの良いところを書いたカードを貼っていく。 ・自分で自分の良いところを書いたカードは、心臓のところに目立つように貼る。
15分	④最初の2人1組で、貼ったカードを見ながら、他己紹介をする。	・組んだ相手になりきって、自己紹介の要領で紹介する。 ・希望する組は前に出て発表する。 ・「I am OK, You are OK.」であることは、心身の健康をよくし、人との関係をよくするなど、人間が幸せに生きていくうえでたいせつな要素であることを確認する。

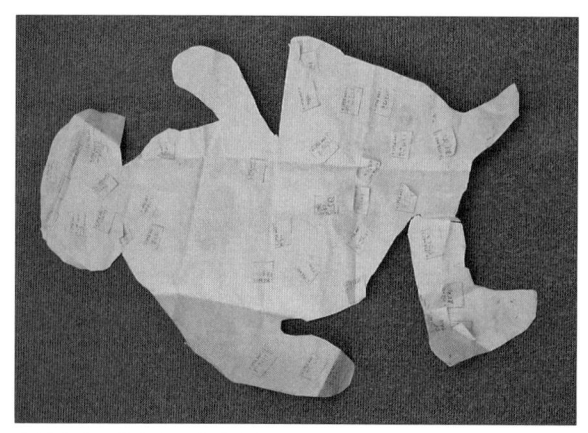

■等身大の自分①　作品例

「自分では字がうまいとは思わないけど、そう書いてもらってうれしい」「自分では野球がうまいとは思わないけど、うまいと書かれた」「多くの人からやさしいと書かれた」「人気者と書かれてびっくりした」という感想が出ました。

実践ノート（2年生）

●クラス全員39人の良いとこさがし、20分間で終了

まず、各自が、クラス全員の良いところを書き出すことからのスタートですが、割り当ては15分しかありません。制限時間を告げて始めました。最も早い子どもは7分で書き終えましたが、進まない子どもが多かったので、ヒントとして、黒板に「明るい」「しっかりしている」「元気」「字がじょうず」など、子どもについての良い面をつぎつぎに書き出しました。5分の延長で、みんな書き終えました。

●等身大の紙には、うれしはずかしほめ言葉の嵐

2人で協力して、等身大の自分を写しとります。教室に青い大きなシートをしき、くつをぬいで乗りました。いつもとはちがう状況に大喜びです。1枚の模造紙に、自分がうまく収まるように寝ころがりながらポーズをとり、友だちに鉛筆でアウトラインをなぞってもらいます。くすぐったいやらうれしいやら、みんな笑顔です。

つぎは、等身大の自分が描かれた模造紙に「よいとこカード」を貼っていきます。場所を多目的室に移して、出席番号順に模造紙を並べました。そして、いっせいに「よいとこカード」を貼り始めます。あっちに行ったりこっちに来たり、いそがしそうです。つぎは、それぞれ「等身大の自分」のそばにすわってのシェアリングです。自分がクラスの友だちの数だけほめられたり、意外なことが書かれてあったりと、おどろきの連続でした。

初めての「他己紹介」は、出席番号の隣どうしでおこないました。明るい多目的室が、さらに明るく感じられました。

●子どもたちは良いとこさがしの天才！

ところで、等身大の自分はつくっても、よいとこカードは1枚も記入しない子どもがいました。明るく、天真爛漫で、みんなからしたわれているのですが、行動・学習面で特別な支援を必要とする子どもです。その子どもの模造紙にも、カードが貼られました。「元気・よく動く・明るい・あきらめない・やさしい」などなど、その子が、友たちにどのように映っているかを知るよい機会になりました。

> 60分間の予定でしたが、3時間(45分×3)を費やしました。等身大の自分を切りとった後は、「よいとこカード」を書く・切る、等身大を写しとる、カードを貼る、それをじっくり読む、シェアリングする、他己紹介する、とつぎつぎに作業が続きます。

ワーク⑭

●よいとこカード

年　組　名前

1 (　　　　)	2 (　　　　)	3 (　　　　)	4 (　　　　)	5 (　　　　)
6 (　　　　)	7 (　　　　)	8 (　　　　)	9 (　　　　)	10 (　　　　)
11 (　　　　)	12 (　　　　)	13 (　　　　)	14 (　　　　)	15 (　　　　)
16 (　　　　)	17 (　　　　)	18 (　　　　)	19 (　　　　)	20 (　　　　)
21 (　　　　)	22 (　　　　)	23 (　　　　)	24 (　　　　)	25 (　　　　)
26 (　　　　)	27 (　　　　)	28 (　　　　)	29 (　　　　)	30 (　　　　)
31 (　　　　)	32 (　　　　)	33 (　　　　)	34 (　　　　)	35 (　　　　)
36 (　　　　)	37 (　　　　)	38 (　　　　)	39 (　　　　)	40 (　　　　)

＊ (　　　　)に相手の名前を書く。

06 等身大の自分②

目標 等身大のシルエットに、体の感覚のイメージの色をぬることを通して、こころとからだにはつながりがあることを知る。

方法
- 等身大のシルエットに自分のからだの感覚をイメージで色づけする。
- 気持ちを感じるところに、気持ちのイメージを描く。
- 感想を発表する。

用意するもの
前回作成した等身大のシルエット、クレヨン、カラーペン、水彩絵の具

●学習の流れ（45分）

時間	学習活動	支援のポイント
25分	①前回作成した等身大のシルエットの裏に、自分のからだの感覚をイメージで色づけする。	・体温、心地よいところ、傷んでいるところ、気になるところなども感じつつ、そのイメージカラーをぬる。 ・例えば胸は赤、頭は青、足はオレンジ…というように、自分が思い浮かんだままに絵の具で淡くぬる。
10分	②気持ちを感じるところに、気持ちの色や形を描きこむ。 描きこんだイメージを見て、どんな気持ちか考える。	・クレヨンで描き込む。 ・ワーク①「感情パズル」（12ページ）の言葉を参照するとよい。
10分	③感想を発表する。	・自己認知とは、こころとからだの全部をふくめた全体としての自分に気づき、認めていくことである。こころとからだのバランスがほどよく保たれていることが重要であることを知る。

実践ノート（2年生）

●言葉にできない感覚は、色と形で表現できる

当初の指導案では、まず、絵の具で色をぬる予定でした。しかし、先にクレヨンでイメージを描き、そのあとで絵の具を使うようにしました。最初に絵の具でぬると、ぬれていてクレヨンで描きづらくなるからです。

おもしろい形を描いた子どもに、「どんな感覚や気持ちで描いたの？」と聞くと、「赤は、ぼくが小さいころから、何ていうか力があるような、がんばるような感じで……」と、言いにくそうです。胸に真っ黒の大きな十字架を描いた子どもは、「ここにいやなことがあるから」といい、足には水色のドクロのマークを描いていました。聞くと、「足がいたいんだけど、前ほどいたくなくなってきたので水色にしました」と答えました。低学年の子どもは、文章よりも形や色の方が表現しやすいようです。

●こころとからだは関係がある

グループごとのシェアリングを終えたあとの、全体のシェアリングでは、「うれしい感じ」や「明るい感じ」「気持ちいい感じ」「がんばろうという感じ」などのこころの感じと、「足がいたい感じ」「冷たい感じ」「おなかがすこし痛い感じ」などの体の感覚が、ともに「等身大の自分」に描かれていて、こころとからだはつながりがあることに話が移っていきました。そこで、こころの状態がからだにも影響することを話しました。怒っていると、体のなかにノルアドレナリンというものが出て体調に影響が出ることや、スポーツ選手がいい成績を出すために、イメージトレーニングをして気持ちを整えていることなどを話すと、みんな興味津々で聞き入っています。

指導案では45分間のプログラムでしたが、70分間ほどかかりました。低学年では、どんな作業にも時間がかかります。このプログラムも、どの学年も取り組めますが、学習時間は一律ではありません。

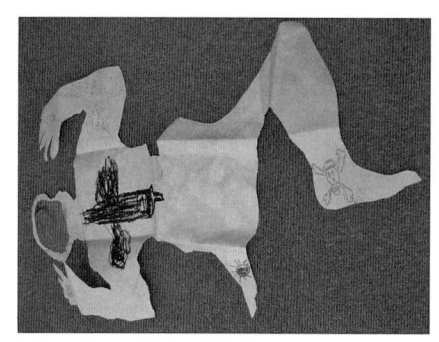

■等身大の自分②　作品例

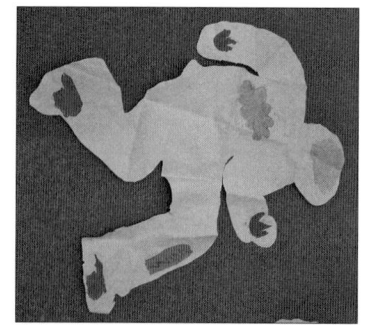

07 わたしの木

目標 わたしの木をつくることを通して、自分をふり返り、自分の多様な側面に気づくとともに、他者の理解を深めることができる。

方法

- 画用紙に、木の幹や枝を描く。
- 事前につくっておいた画用紙の葉にリスト（ワーク⑮、63ページ参照）の番号と内容を書き、木に貼っていく。
- でき上がった木を見せあう。

用意するもの

画用紙、のり、カラーペン
色画用紙を切りぬいてつくった葉（いろいろな色や形を用意する）1人20枚

●学習の流れ（45分）

時間	学習活動	支援のポイント
5分	①画用紙に木の幹や枝を描く。	・幹や枝を自由に描く。
30分	②好きな色、形の葉を作り、ワーク⑮「わたしの木記入リスト」の番号と内容を書き、木に貼っていく。	・番号は必ず書く。 ・自分の書きたい項目を選んで記入していく。 ・好きなところに葉を貼る。 ・後で見せあうので、見せたくない項目の葉は裏むけに貼ってもよい。
10分	③みんなで見せあい、感想を発表する。	・掲示する。

情動対処スキル・ストレス対処スキル

自己認知スキル・他者理解スキル

コミュニケーションスキル・対人関係スキル

意志決定スキル・問題解決スキル

創造的思考スキル・批判的思考スキル

実践ノート（2年生）

●葉っぱに自分の情報満載、わたしの木

「今日は、自分を知らせる木をつくります」と言うと、みんな興味津々の眼差しです。色画用紙を切りぬいてつくった、色とりどりの葉を見せると、たいへんうれしそうです。

4人ごとのグループになり、まずカラーペンで木の幹や枝を描きます。ここで時間をとっていては進みません。すかさず、「このプログラムの目標は、自分の木を美しく上手に描くことではありません。自分がどんなことが好きなのか、どんなことをしたいのか、自分のことを知ってもらえる木をつくることがたいせつです」と知らせました。

みんなは、記入リストに注意がむき、木を描きながらも、好きな番組や好きな人、また、10年後の自分などについて、なごやかにおしゃべりをしながらとても楽しそうに作業を進めていました。

●わたしの木で、自分発表会

「シェアリングしてください」というと、すぐに各グループで発表の順番を決め、見せあいを始めました。活発な自己ＰＲが続きます。

いま、若者のコミュケーション力が不足していると言われます。他者とのコミュニケーションを望むなら、自己開示が不可欠です。このプログラムでは、自分のこころを開くことができるかどうかがポイントです。保護者会で実践しても、楽しいかもしれません。

授業の終わりに発言を求めると、「楽しかった」「おもしろかった」などの素直な気持ちが出て、「自分のことも考えられたし、他の人のこともいろいろわかりました」と満足そうでした。

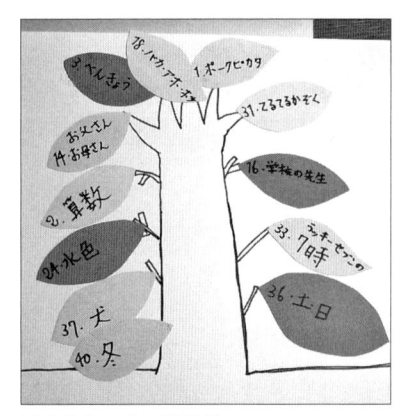

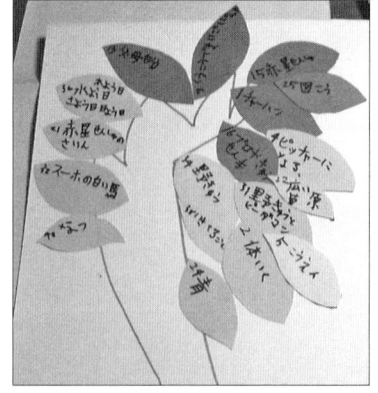

■ わたしの木　作品例

ワーク⑮

●わたしの木 記入リスト

年　組　名前 _____

葉っぱに番号を書き、あてはまることを書きましょう。

	好きな食べ物		ほしいもの
	好きな教科		行きたい場所
	しゅみ（趣味）		得意なこと
	じまん（自慢）		好きな色
	好きな場所		得意な教科
	わたしの長所		クラスの友だちに一言
	わたしの短所		いわれていやな気持ちになることば
	かえたい性格		いま、こまっていること
	わすれられない思い出		やめてほしいこと
	花にたとえると、わたしは		いわれたいことば
	自然にたとえると、わたしは		好きなテレビ番組
	野菜にたとえると、わたしは		好きな本
	大好きな人		好きな時間
	たからもの		いま、がんばっていること
	目ざしている人		10年後の自分
	将来、なりたい職業		好きな曜日
	好きな言葉		好きな動物
	きらいな言葉		感謝していること
	好きな遊び		自分を勇気づける言葉
	好きな楽器		好きな季節

情動対処スキル・ストレス対処スキル

自己認知スキル・他者理解スキル

コミュニケーションスキル・対人関係スキル

意志決定スキル・問題解決スキル

創造的思考スキル・批判的思考スキル

63

08 信頼の関係

目標 他者を信頼して、かかわっていく体験をする。

方法
・クラスの全員で「信頼の壁」「信頼の輪」「信頼のいす」（右ページ参照）をつくる。
・「ブラインド・ウォーク」をする。

用意するもの
体育館など、広くて専有できる空間が望ましい。
目かくしをするタオルかアイマスク。

絶対傾聴（本音の聞き方のコツ）

シカゴ大学のジェンドリンが提唱した、本音の聞き方のコツ。基本理念は「子どもがその瞬間に感じているままを聴いて、その1つひとつに応えていく」こと。授業中の子どもとの対話の中で、発言している子どもの意図がそのまま教師に受け取られているかどうか不明な場合がある。このコミュニケーションの〝ずれ〟を、こまめに軌道修正することがたいせつであると指摘する。そのためのフィードバック方法が3つあるとしている。

① 「繰り返す」……… 子どもの言葉を使って、そのまま繰り返す。内容とこころが反映され、自分自身の考えと気持ちをふり返ることができる。
② 「言いかえる」…… 子どもの発言を教師が言いかえる。発言の意味をつかんで、相手が言おうとしていることを表現してみる。
③ 「要約する」……… 子どもの話がまとまらないときや混乱したとき、一段落したところで教師がその意味をまとめてみる。

●学習の流れ（45分）

時間	学習活動	支援のポイント
20分	①「信頼の壁」「信頼の輪」「信頼のいす」をつくる。 ・「信頼の壁」 　3人1組になり、1人が2人に背をむけて立つ。1人が目をとじ、両腕を胸の前にクロスさせ、静かに後ろ向きにたおれる。あとの2人がうけとめ、もとにもどす。何度か繰り返して交代する。 ・「信頼の輪」 　10人1組になる。 　周囲にすき間を開けないように囲み、中に1人が入る。 　中の1人は目をとじ、両腕を胸の前でクロスさせ、好きな方向にたおれかかる。 　周囲の人は、片足を1歩後ろに引き、自分の方向にたおれかかってくるのを軽くおし返す。 　中の1人は、いろいろな方向にゆれて楽しむ。 ・「信頼のいす」 　クラス全員が一重の輪になる。 　掛け声で、後ろの人のひざの上に腰を下ろす。	・けがをしないよう、十分に注意を払う。 　支える側は真後ろに立つ。 　体格差がある場合は組み合わせに注意する。 　倒れる側の不安感が強ければ、目をあけたままで、少しずつ倒れるようにする。 ・他人に身体を委ねることは、心地よさと不安感がともなうが、その感覚をからだで味わう。 ・からだがふれあうくらい接近した輪になる。
20分	②「ブラインド・ウォーク」をする。 ①2人1組になり目かくしした相手を、声だけで誘導する。 ②目かくしした相手の肩に指を当てて、指だけで誘導する。 ③目かくしした相手の手をとり、もう一方の手を相手の背中に当てて誘導する。	・歩行を妨げる物（カラーコーンなど）を数カ所に置く。 ・2人1組になり、体育館内を歩き回る。1人は目かくし、1人は誘導。 ・誘導する人は、なるべく相手に不安を与えないようにする。 ・誘導される人は、相手の誘導に身を任せる。 ・①②③のちがいを感じる。 　先頭だけが目かくしをし、数人が後ろにつくという、「目かくしいも虫」をしてもよい。
5分	③シェアリングする。	・相手の人を信頼できたかをたずねる。

実践ノート（2年生）

●宣誓「クラス全員を信じて、頼ることを誓います！」

「信頼」という言葉をまず説明しました。「信頼の壁」、「信頼の輪」を実践するにあたって、けがのないように、おたがいが信頼しあって自分をまかせ、まかせられた人はそれを裏切らないようにと、かたく約束させました。

●快感！「信頼のいす」

まずは、「信頼のいす」です。

いすがないのに、「全員がいすにすわります」というと、「えー」と、みんなが声をあわせます。何人かが、透明のいすにすわるのだと想像して、足をくの字にしてふんばって見せました。そのようすに、クラス中が大笑いです。

「○さんは△さんのいす、△さんのいすは□さん、□さんのいすは◇さん……」と続けると、また「えー」という声が高まります。全員で輪になり、前と後ろの人が接近して、同じ方向を向いて立ち、「いち、に、さん」で腰を下ろすと、信頼のいすが成功しました。今度は、「わー」と、静かな歓声が起きました。

「先生も入れて」ともう一度。これも、成功！

●アイマスクをした友だちとお散歩

クラスで信頼しあえたことを確認して、ブラインドウォークです。中庭に出ておこないました。けがはなかったものの、転んだり、段差のあるところでつまずいたりしました。今後は、安全面での注意を具体的にしておく必要性を感じました。

■子どもたちがにぎやかにつくった信頼のいす

09 出会いのカード

目標
- 「出会いのカード」を使って語りあうことで、相互理解と共感的理解を深め、信頼関係を育む。
- 相手を感じる力を育み、肯定的な表現方法を身につける。

方法
- 「出会いのカード」（ワーク⑰⑱⑲、70～72ページ）を使って、おたがいに感じたこと、考えたこと、伝えたいことなどを語りあう。
- 「イメージカード」（ワーク⑯、下図）を使って相手の特徴を色や形、ものにたとえて、その人の印象を伝える。

用意するもの
出会いのカード、イメージカード

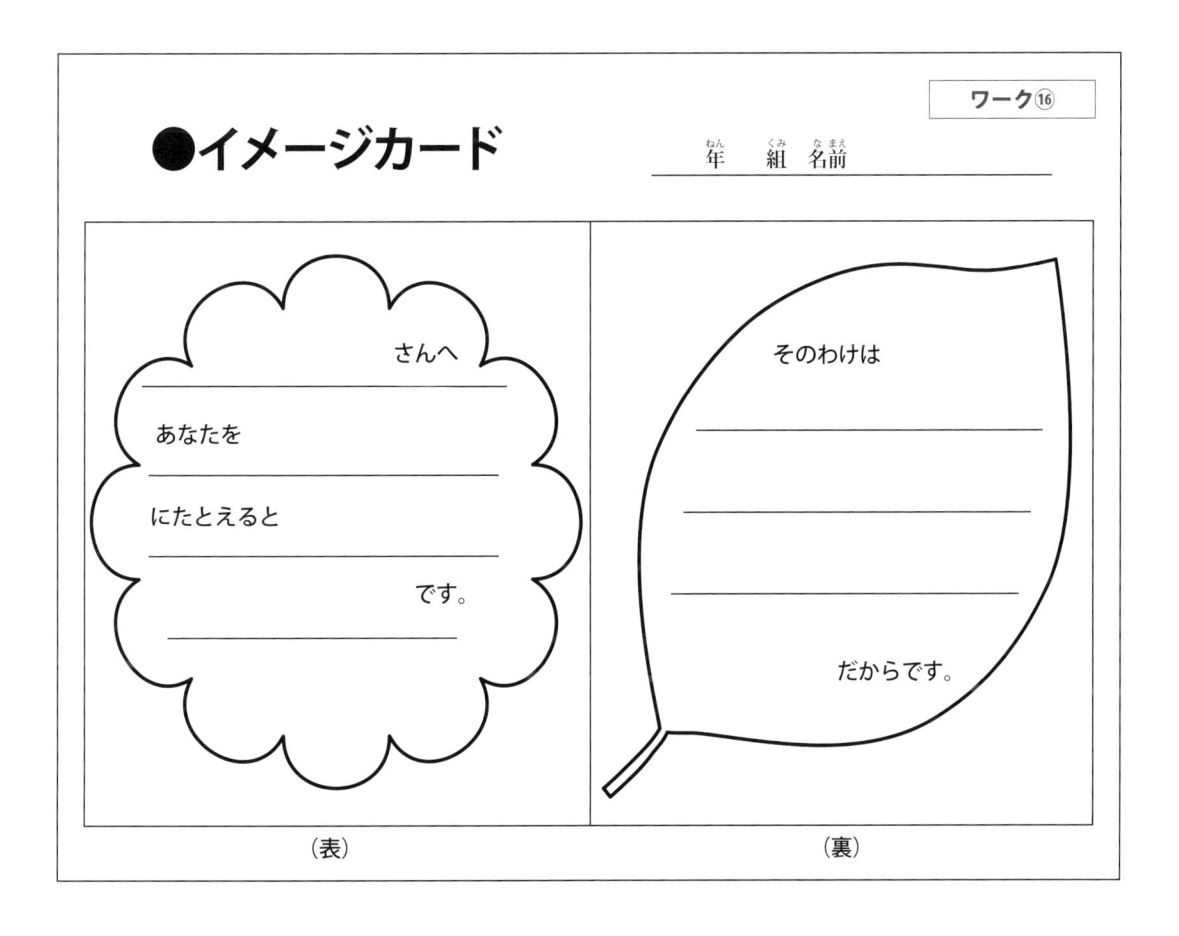

ワーク⑯

●イメージカード　　　年　組　名前

（表）
＿＿＿＿さんへ
あなたを＿＿＿＿
にたとえると＿＿＿＿
＿＿＿＿です。

（裏）
そのわけは＿＿＿＿
＿＿＿＿
＿＿＿＿だからです。

情動対処スキル・ストレス対処スキル

自己認知スキル・他者理解スキル

コミュニケーションスキル・対人関係スキル

意志決定スキル・問題解決スキル

創造的思考スキル・批判的思考スキル

●学習の流れ（45分）

時間	学習活動	支援のポイント
5分	①6～7人のグループに分かれる。	・グループごとに、「出会いのカード」を1組用意する。
5分	②「出会いのカード」（ワーク⑰～⑲）の説明を聞く。 ・机の上にカードをふせて置く。 ・最初にカードをとる人を決め、2番目からは、時計まわりにカードをとっていく。 ・1人が1枚のカードをとり、カードに書かれた相手に質問をする。	・カードをよく切り、上から順番に引く。 ・自分の引いたカードに書いてあるとおりに質問する。書かれている内容は、他のメンバーに見せない。言いたくないことは無理に言わなくてもよい。
20分	③グループごとに「出会いのカード」を楽しむ。	・グループごとに、「出会いのカード」を用意する。
10分	④グループごとに、相手の特徴をたとえて表現できそうなテーマで、印象を伝える。	・おたがいに相手を感じながら、自分の印象を「イメージカード」（ワーク⑯）に書き込む。 《例》 「あなたを色にたとえると……」 「あなたを花にたとえると……」 「あなたを動物にたとえると……」 「あなたを海の生き物にたとえると…」 「あなたを自然にたとえると……」 「あなたを野菜にたとえると……」 「あなたを学用品にたとえると……」 　時間があれば、裏面にその理由を書く。
5分	⑤シェアリングする。	・なぜ、そのようなものにたとえられるのかを考える。

実践ノート（2年生）

●親子ともども、出会いの授業

　このプログラムには、授業参観として保護者の方にも参加してもらいました。
　子どもが4人グループをつくり、そこに保護者が入ります。事前に、学級通信でお知らせしていたので、保護者は「出会いのカード」を通して、いろんな質問をしたり、受けたりして、積極的に参加していました。
　「好きな食べ物」「好きな遊び」「得意なこと」「将来の夢」など、子どもたちにしてみれば、大人は何を言うのか、親たちにしてみれば、自分の子は何と言うか、よそのお子さんは何と言うのか、おたがいの聞き合いがうまく成立していました。20分で「出会いのカード」が3周するグループもありました。

●あなたは、バラの花のようです

　つぎは、「イメージカード」（ワーク⑯、67ページ）の書きこみです。親愛を示すお手紙のようなもので、相手を何かにたとえて、その理由を書いて手渡します。コミュニケーションの3つのパターン「視覚・聴覚・体感覚を通して、わたしたちはコミュニケーションできますから、自分の目や耳や感覚をよくはたらかせて、プラスの表現を書くように」と伝えました。保護者も子どもも、グループのメンバーにあてて熱心に書いていました。

●保護者にも、いい出会いを提供したい

　このプログラムの目標は、「自分の気持ちを伝えること・相手の話をよく聴くこと」で信頼関係を育み、肯定的なかかわりをもつようになることでした。保護者の方も授業に参加することで、緊張感なくアイスブレーキング*できたようでした。授業後の懇談会は、机をはずして円になり、気楽に話せるように心がけました。
　「子どもが、『人は人とかかわりながら生きていくのよ』と先生が教えてくれたと言っていました」という、保護者からのうれしい報告もありました。

　　　＊アイスブレーキングの本来の意味は、会議などで最初に意見を言う人。常識や習慣などを無視して、新しい方法や考えを切り開く人をさします。ここでは、グループワークなどをおこなう前に参加者同士の抵抗感をなくすためにする簡単なエクササイズをさします。

ワーク⑰

●出会いのカード
（高学年用）

年　組　名前

両隣（りょうどなり）の（　　さん）と（　　さん）に質問（しつもん）です。 たからものは何ですか？	左隣の（　　さん）に質問です。 好きな遊びは何ですか？	右隣の（　　さん）に質問です。 得意（とくい）なことは何ですか？
右側3人目の（　　さん）に質問です。 好きな動物とその理由を教えてください。	左側2人目の（　　さん）に質問です。 好きな食べ物ときらいな食べ物を教えてください。	全員に質問です。私の右側の（　　さん）から答えてください。 自分のよいところ（長所）を教えてください。
本を読むのが好きな人、手をあげてください。その人に質問します。 今まで読んだ本の中で一番おもしろかった本は何ですか？	まだ、一度も質問されていない人に質問します。 将来（しょうらい）の夢（ゆめ）は何ですか？	左側3人目の（　　さん）に質問です。 今、一番がんばっていることは何ですか？

●出会いのカード
（低学年用）①

ワーク⑱

ねん　くみ　なまえ _____

みぎどなりの （　　　）さんに ききます。 すきなあそびは、 なんですか？	ひだりどなりの （　　　）さんに ききます。 すきなたべものは、 なんですか？	ぜんいんに ききます。 とくいなことは なんですか？
みぎがわふたりめの （　　　）さんに ききます。 すきなどうぶつは、 なんですか？	りょうどなりの （　　　）さんと （　　　）さんに ききます。 すきないろは、 なにいろですか？	ひだりがわ さんにんめの （　　　）さんに ききます。 おおきくなったら、 なにになりたいですか？

情動対処スキル・ストレス対処スキル

自己認知スキル・他者理解スキル

コミュニケーションスキル・対人関係スキル

意志決定スキル・問題解決スキル

創造的思考スキル・批判的思考スキル

ワーク⑲

●出会いのカード
（低学年用）②

ねん　くみ　なまえ _____

ぜんいんに ききます。 すきな てれびばんぐみは なんですか？	みぎがわ さんにんめの （　　　　）さんに ききます。 おたんじょうびは、 いつですか？	ひだりがわ さんにんめの （　　　　）さんに しつもんです。 いま、いちばん がんばっていることは なんですか？
おとこのこに ききます。 がっこうで たのしいのは どんなときですか？	おんなのこに ききます。 すきな　あそびは なんですか？	ひだりがわ ふたりめの （　　　　）さんに ききます。 たからものは なんですか？

第3章

コミュニケーションスキル・対人関係スキル

人間は、人とのかかわりの中で生きています。その環境で自分なりの豊かな人生を送るには、まわりの人と良好な人間関係を結べることが大切です。そのために、相手の話をよく聞き、自分の思っていることを上手に相手に伝えることができる能力が必要です。この章ではそのスキルを紹介します。

01 ボディランゲージ

目標 相手とコミュニケーションをとるとき、言葉の内容だけでなく、表情や声の調子などが大切であることを知る。

方法

・2人一組になり、ミラーゲームをする。
・リーダーが感情をこめて発した言葉がどんな感情かをグループで考える。
・滅茶苦茶言葉(ジブリッシュ言語)遊びを楽しむ。

用意するもの

簡単な文を書いたカード

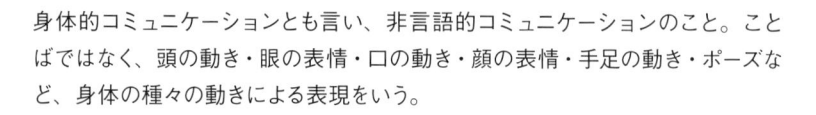

ボディランゲージ

身体的コミュニケーションとも言い、非言語的コミュニケーションのこと。ことばではなく、頭の動き・眼の表情・口の動き・顔の表情・手足の動き・ポーズなど、身体の種々の動きによる表現をいう。

メッセージの伝達度

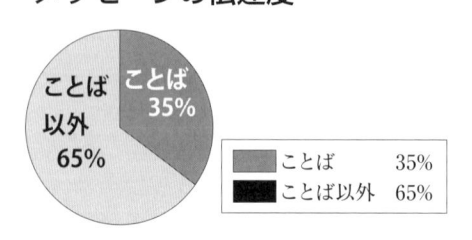

ことば 35%
ことば以外 65%

- ことば 35%
- ことば以外 65%

レイ・L・バードウィステルは、「二者間の対話では、ことばによって伝えられるメッセージは全体の35％にすぎず、残りの65％は、話しぶり・動作・ジェスチャー・相手との間のとり方など、ことば以外の手段によって伝えられる」と分析している。(Ray.L.Birdwhistell、Kinesics and Context:Essays on Body Motion Communication, University of Pennsylvania Press (1970))

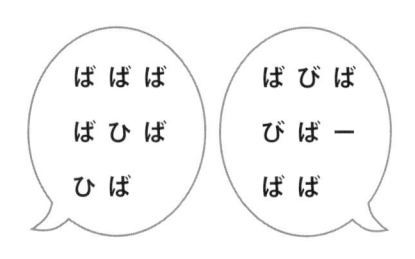

ばばば
ばひば
ひば

ばびば
びばー
ばば

意味のない滅茶苦茶言葉(ジブリッシュ言語)を発して、喜びあったり、怒りあったり、泣きあったりして気持ちを伝えあう。滅茶苦茶言葉で歌を歌っても楽しい。
CD　NHK「にほんごであそぼ(ワーナーミュージックジャパン)」の「ぴっとんへべへべ」(おおたか静流／作詞作曲)を聞いてもよい。

●学習の流れ（45分）

時間	学習活動	支援のポイント
15分	①ミラーゲームをする。 ・2人一組になり、イエスさんとノーさん役に分かれる。 ・イエスさんは、ある気持ちをこめてボディランゲージと声の調子を考えて、「イエス」と言う。 ・ノーさんは、イエスさんの発した「イエス」にどんな気持ちが表現されているか考え、その気持ちや身ぶり、声の調子を鏡になって映し出すように「ノー」という。 ・気持ち（喜怒哀楽）をかえて繰り返す。 ・ノーさんが気持ちを伝える側、イエスさんが気持ちを反映する側になり同様におこなう。 ・感想を話す。	・イエスさんは、大きさ・太さ・高さ・テンポ、表情、身ぶりなどを考えて、悲しい・驚いた・恐いなど、喜怒哀楽の気持ちが伝わるように言う。 ・ノーさんは、イエスさんの声の調子、表情、身ぶりをまねして「ノー」と言う。
15分	②どんな感情をこめて発した言葉か考える。 ・言葉を発するリーダーをグループで決める。 ・リーダーは、提示された簡単な文を喜怒哀楽の感情をこめて伝える。 ・メンバーはどんな感情がこめられていたか言いあう。 ・同じ文を、感情をかえて伝え、同様におこなう。 ・役割を交代して、グループの全員がおこなう。	・「おはようございます」「ありがとう」「ごめんなさい」など、簡単な文を感情をこめてメンバーに伝える。 ・リーダーに「うれしそうに『ごめんなさい』」「つぎは、こわそうに『ごめんなさい』」と感情を指示してもよい。 ・伝えたい感情が伝わるまで、しぐさ、声の大きさ・強さ・かたさ・調子などをかえて試みる。 ・できれば、喜怒哀楽の4種類の感情を伝える。
5分	③どんなコミュニケーション手段がよく伝わるかふり返る。	・コミュニケーションをとるとき、音声言語で表現した内容だけでなく、身ぶりや表情、声の調子などが加わって相手に伝わっていることに気づかせる。
10分	④滅茶苦茶言葉遊びを楽しむ。 ・パ行言葉で喜びあう、泣きあう、怒りあうなど。	・動作はしないで、声の調子だけで意思や気持ちを表現する。

実践ノート（2年生）

●感情移入はお得意です

クラスの子どもたちは、「イエス」といったら気持ちをまねて、「ノー」で答えるという「ミラーゲーム」を簡単に理解しました。前に出て発表する2人組を募集すると、いっせいに手が上がります。感情を当てるゲームも、やる気満々です。

●先生がうそを見やぶれる理由

コミュニケーションの手段については、手話、顔の表情、体の動き、手紙、プレゼント、パーティー、声の大きさ、写真、デート、字、ダンス、歌、音楽、結婚と、つぎつぎに意見が出ました。

「人の気持ちは、言葉にしなくてもはっきりと伝わります。好き・きらいと言わなくても、顔つきや行動で読みとることができるのです。国語の『スーホの白い馬』でも、スーホが白馬をたいせつに思う気持ちは、スーホがそういわなくても、場面のようすから読みとれたでしょう」と言うと、みんなこっくりとうなずきます。「本当のことは何も言わなくても、いろいろなボディランゲージを通して伝わるのです」。みんなの真剣な眼差しが集まりました。

子どもは、自分を守るためにうそをつくことがあります。明らかなうそが、その表情から読みとれることもあれば、状況の不合理さからわかることもあります。

以前、友だちの検尿セットを2階から中庭に投げ捨てて知らんふりをしていた子どもがいました。口調のきつい性格の子です。このプログラムの後、ようやく、本人の口から正直な告白があり、大きな涙が流れ、「ごめんなさい」と反省の言葉が出ました。教師として、子どもたちのボディランゲージを読みとることができる感性を磨きたいと思っています。

●気分は外国人？　ジブリッシュ言語

さて、授業のしめくくりはジブリッシュ言語です。まるで外国語を話すかのようにお手本を示すと、教室の空気は一気になごんで、隣の席の2人どうしで、ジブリッシュ言語でのめちゃくちゃな会話が始まりました。

02 コミュニケーションの3つの窓口

目標 コミュニケーションには、視覚中心のもの、聴覚中心のもの、体感覚（嗅覚・味覚・触覚）中心のものがあることを知る。

方法
・ブレーンストーミングで自分を表現したり、気持ちや情報を伝えたりする方法を考える。
・外界の情報をとり入れる感覚には、五感があることを知る。
・コミュニケーションの手段を、視覚中心のもの、聴覚中心のもの、体感覚中心のものに分類する。

用意するもの

メモ用紙

■コミュニケーションの手段

●学習の流れ (45分)

時間	学習活動	支援のポイント
15分	①自分を表現したり、気持ちや情報を伝えたりするには、どのような方法があるかブレーンストーミングで出しあう。 ・グループでおこなう。 ・グループごとに1つずつ発表する。 絵　音楽　手話　点字　ダンス　建築　プレゼント　手紙　香り　シンボル 生け花　のろし　喜ぶ・怒る・泣く　話す　歌　劇　シンクロナイズ　信号 表情　写真　テレビ　インターネット　メール…	・あとの分類作業のために出た意見をカードに書いておく。 ・グループでアイディアを競ってもよい。 ・グループで出たものを、クラス全体で共有する。
5分	②外界からの情報をとり入れる感覚として、五感があることを知る。 ・見る（視覚）　・聞く（聴覚） ・嗅ぐ（嗅覚）　・味わう（味覚） ・触れる（触覚）	・第六感（直感）をいれてもよい。 ・嗅覚・味覚・触覚をまとめて体感覚とする。
15分	③①で出た意見を視覚を中心としたもの、聴覚を中心としたもの、体感覚を中心としたものに分類する。	・複数の感覚にわたるものもあるので、無理に1つの感覚に分類しようとせず、なぜそう思うかをよく考える。
10分	④全体でシェアリングする。	・感想をシェアリングする。

実践ノート（2年生）

●気持ちを伝えあう方法は、たくさんありました

　まずは、ブレーンストーミングのおさらいから始めます。以前の授業で、「怒りのタワー」のプログラム（14ページ）を実践したので、子どもたちはブレーンストーミングと簡易KJ法のやり方がわかっています。

　4人ずつのグループに分かれて、コミュニケーションの手段を出しあいます。時間は7分、最も多かったグループは24の項目を出しました。

　本、字、表情、ビデオ、手紙、メール、テレビ、電話、音楽、音程、ピアノ、声の大きさ、歌声、ラジオ、心、ダンス、口の動き、心音、優しさ、言葉などが挙がりました。

　そのグループの発表に、「あーっ」と、みんなから納得のため息がこぼれます。それほど、クラス全体がこの課題に集中しています。ブレーンストーミングには、非難されることなく自由に発言できるというルールがあります。そのためか、クラスの雰囲気は、考える緊張感もありながらも柔らかで、優しいものでした。

●コミュニケーションは、目・耳・体でキャッチ

　つぎに、グループごとに出たアイディアを、視覚・聴覚・体感覚（嗅覚・味覚・触覚をふくむ）に分類する作業です。グループごとに3つの感覚の台紙を用意しておき、それに貼っていきます。2つ、3つの感覚が複合している事項を分類するときは、最も多い感覚に分類するように指示しました。

　ブレーンストーミングでは、まちがいを指摘されるおそれがないので、作業がよく進み、このむずかしい課題も早く終えることができました。このプログラムはチームワークで仕上げたという達成感があり、なかよく、なごやかな雰囲気でプログラムを終えることができました。

03 一方通行・双方通行のコミュニケーション

目標 一方通行と双方通行のコミュニケーションを体験し、より効果的なコミュニケーションを身につける。

方法

・前に出た子どもが提示された図形を背後から説明し、背を向けてすわった他の子どもたちがそれを聞いて図形を描く。
・つぎに、対面して座った子どもから、説明を聞き、質問をしながら図形を描く。
・この2つのやり方を比べながら感想を話しあう。
・一方通行と双方通行のコミュニケーションについて話しあい、日常のコミュニケーションがどちらにあたるか考える。

用意するもの

図形カード、上質紙か画用紙、筆記用具

■提示する図形の例

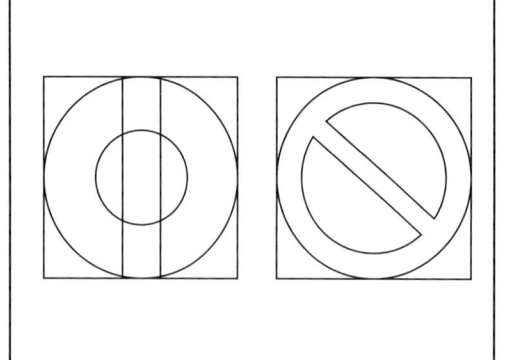

> 紙をたて半分におります。
> もう1回半分におります。
> 真ん中をまるく切りぬきます。

説明を聞きながら紙を折るなどの作業をしてもよい。

■日常のコミュニケーションは、一方通行・双方通行どっち？

・「起きなさい」と台所から声をかけられる。
・「おはよう」とあいさつをかわす。
・電話で話す。
・ごはんを食べながら会話する。
・ツイッターをする。
・先生の説明を聞きながら黒板を写す。
・テレビを見る。
・Eメールをする。
・チャットする。
・ゲームをする。

＊このような日常のコミュニケーションが、一方通行か双方通行かを考えてみよう。

●学習の流れ (45分)

時間	学習活動	支援のポイント
15分	①前に出て説明する子どもを1人決め、他の子どもは背を向けてすわる（Aさん）。 ②Aさんは、提示された図形を、言葉だけでどんな形か伝える。他の子どもは、Aさんから説明を聞いて図形を描く。	Aさん　一方通行 ・図形がAさん以外には見えないようにする。 ・説明を聞く子どもは、質問したり、「えっ？」と言ったりしない。
15分	③つぎにAさんは対面してすわる。 ④Aさんは、提出された図形を、言葉だけでどんな形か伝える。他の子どもは、Aさんから説明を聞いて図形を描く。	Aさん　双方通行 ・使用する図形は異なるものとし、伝達の難易度は同程度とする。あまり複雑だとコミュニケーションの困難さを感じて、「百聞は一見にしかず」といったことになってしまうので、ねらいがずれないように注意する。 ・質問したり、それに答えたりしてよい。 ・正解は④が終わってから見せる方がよい。 ・①から④を繰り返す。 ・2人1組で、同様におこなってもよい。
15分	⑤②と④のやり方を比べながら感想を発表する。 ・前に出て説明した子どもの感想を聞く。 ・説明を聞いた側の感想を分かちあいながら、図形のでき上がりの相違などを見る。 ⑥一方通行と双方通行のコミュニケーションについて話しあう。	・説明がしやすかったのはどちらか、などの感想を言う。 ・描いた図形を見せあいながら、わかりやすかったのはどちらか発表する。 ・コミュニケーションは、よくキャッチボールにたとえられる。相手を攻撃したりはね返したりする（一方通行）のではなく、うけとめたら返すこと（双方通行）によって成り立つ。 ・キャッチボールの動作をしながら、コミュニケーションを楽しむのもよい。

実践ノート
（2年生）

●老若男女、人間関係で悩むのが人の常

「みんなの中には、すぐにけんかをしてしまう人がいるでしょう」と言うと、こっくりうなずく多くの子どもたち。「反対に、いっしょに遊ぼうとか、なかよくなりたいと思っているのに、なかなか言い出せず、本当の気持ちを伝えにくい人もいるでしょう」また、多くの子どもたちがこっくりうなずきました。「コミュニケーションが苦手だな、自分は人とつきあうのが苦手だなと思う人?」と聞くと、多くの子どもたちが挙手しました。「先生とコミュニケーションの学習をして、お友だちや家族とこれからもっとなかよくなっていこうね」と、伝えました。

●会話は、キャッチボールのように

このプログラムは、想像力をかき立てるゲームです。「一方通行」では、友だちと対面せずに背中を向けたまま、聞くだけで図を描き、「双方通行」では対面して、質問しながら図を完成していきます。ところが、「一方通行」では、説明の上手な子どもが描きやすい図を求めたので安易に描けましたが、「双方通行」では、説明が不足がちな子どもがやや難解な図を求めたのでうまく描けず、このプログラムのねらいである「一方通行は思いが伝わりにくい」ということが実証できませんでした。2回目の実践で、何とか「やはり双方通行のほうがいい」という結論を得て、ホッとしました。

「双方通行はキャッチボールのようですね。上手にボールを投げたらキャッチボールは長く続き、逃がしたボールを拾いに走らなくてすむから疲れません。会話は、ドッジボールのように強く当てようとするのではなく、上手なキャッチボールのようでありたいですね」とキャッチボールの絵を黒板に描いて話しました。

休み時間に、2人の男子が寄ってきました。「先生、キャッチボールって言ったでしょう。でも、ダブルでボールを投げられたらどうする? とれないでしょう」と野球部で、ドッジボール大好きのA君が言いました。すると「強すぎる球は、うけなくていい。打ち返す」と、いつもクラスを笑わすユーモアセンス抜群のB君が答えました。会話のキャッチボールは、子どもたちにはわかりやすいたとえでした。

04 プラスのストローク・マイナスのストローク

目標 人が生きていく上で必要な人とのかかわり、そのいろいろなかかわりの求め方・与え方を知り、より良くかかわっていこうとする。

方法

- いろいろなふれ方を体験する。
- ストロークについて知る。
- ブレーンストーミングでいろいろなかかわり方を出しあう。
- かかわり方を、「プラス」か「マイナス」、「身体」か「言葉」かに分類する。
- ストローク・プロフィールをつくる。

用意するもの

短冊（30cm×10cmの紙）、ワーク⑳「ストローク体験カード」（86ページ）、ペープサート用厚紙1人2枚、
割箸1人1膳、セロハンテープ

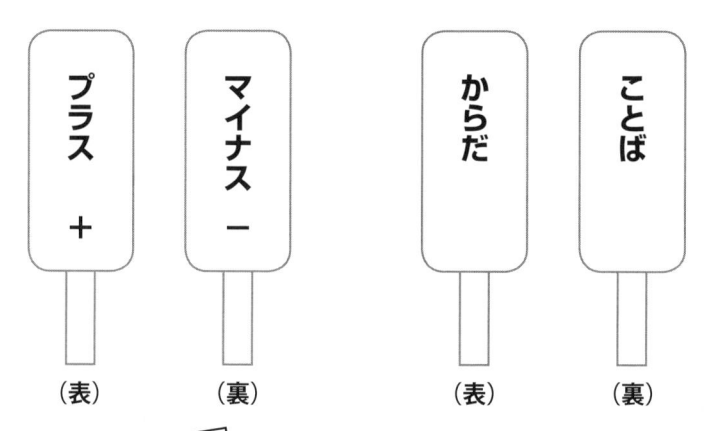

プラス ＋	マイナス －	からだ	ことば
（表）	（裏）	（表）	（裏）

●ストローク

　交流分析の用語で、「人の存在を認める行為」を意味する。交流分析とは1957年頃から米国の精神科医エリック・バーンによって提唱された性格理論で、同時にそれに基づいておこなう心理療法でもある。たがいに反応しあっている人々の間でおこなわれているコミュニケーションを分析する。人間は常に他者からのストロークを求めている。ストロークには、「なでる」「さする」「握手する」などの身体的に接触するタッチ・ストロークと、「あいさつする」「微笑む」「話しかける」などの表情・仕草・言語による心理的ストロークがあり、また、それぞれ肯定的（プラス）ストロークと否定的（マイナス）ストロークに分かれる。

●学習の流れ (45分)

時間	学習活動	支援のポイント
10分	①いろいろなふれ方を体験する。 ・2人1組になる。 ・相手の頭や腕・肩をいろいろな方法でふれる。 ・交代しておこなう。 ・感想を言う。	・具体的なふれ方の見本を見せる。 　腕を突っ張って 　指先で 　相手を押して 　引き寄せて 　手のひら全体を使って、腕をゆるめて 　やさしく
8分	②どんなかかわり方（人から人へのはたらきかけ）があるか、ブレーンストーミングで出し合う。 ・クラス全体でおこなう。	・出た意見は、短冊に書いて黒板に貼る。 ほめる　笑う　泣く　握手する　なでる　あいさつする　うなずく　にらむ　拍手する　あいづちをうつ　など
5分	③ストロークについて知る。	・低学年には、うれしいかかわり方・きらいなかかわり方としてもよい。 わたしたちは、人とのかかわりなしには生きていけない。「人」の「間」と書いて人間になる。人の存在を認めるかかわりのすべてをストロークと呼ぶ。つまり、人と人とがかかわりあうとき、人から人へのはたらきかけの1つひとつがストロークと言える。みんな心地よいかかわり（プラスのストローク）を求めているが、どんなに求めても心地よいかかわりが得られないときは、心地がよくないかかわり（マイナスのストローク）でもいいから、人とかかわりがほしいとすら願うようになる。
7分	④出しあったストローク（かかわり）が、プラスかマイナスか、また、身体か言葉によるものかに分類する。	・表裏に「＋」「－」、「身体」「言葉」と書いたペープサートを掲げて分類してもよい。
15分	⑤「ストローク体験カード」（ワーク⑳）を書く。	・ストローク体験カードに記入する。 　自分が受けたストローク 　自分が与えたストローク 　自分が期待するストローク

実践ノート（2年生）

●大好き！ コミュニケーションのプログラム

　この日、「コミュニケーションの授業をやって」というリクエストが出ました。「準備ができてないしー」ともったいぶってみたら、「えーっ、やーる、やぁーる」というコールになりました。
　2人組で、いろいろなふれ方をしてみようという体験では、お隣さんどうしにぎやかで楽しそうに取り組むようすが見られました。交代してしばらくすると、「先生、たたいてくる」との声があり、そこで終わりにしました。
　「うれしいかかわり方と、うれしくないかかわり方がありますね」と説明すると、子どもたちはよく納得したようすです。
　この後、ブレーンストーミングをしました。今回は、みんなの意見を担任が板書するやり方をとりました。前々回の学習で、コミュニケーションの方法を出しあっていたので、今回は、板書が間にあわないほどたくさんのアイディアが出ました。

●人は、いろんなストロークをうけて生きている

　「人は、ストロークなしには生きていけない生き物だ」という話に、子どもたちはかたずをのんで聞き入っていました。
　私が、自分の「ストローク体験カード」の1マスごとに話すと、各自、思い当たることがつぎつぎにうかんできたのでしょう、ストローク体験カードに記入し始めました。「先生、これないしょにしてね」という声あり、「みんなに発表していいよ」という声あり。
　まわりの人から、してもらいたいストロークは、「おしゃれだねって言われたい」「甲子園球場とさいたまスタジアムを買ってほしい」「おにいちゃんに、ゲームしていいよって言われたい」「好きな人に、好きだよって言われたい」……など楽しい本音が出ました。
　カードを提出したら、20分間休みをとりました。自分のつらい思い、うれしい思い、願いなどを発表して、すがすがしい顔で教室から出ていく子どもたちでした。

ワーク⑳

●ストローク体験カード

年　組　名前

1週間の生活の中で、まわりの人とのかかわりについてふり返ってみましょう。
＊それぞれのストロークが、身体（か）か言葉（こ）のどちらか考えて書いてみましょう。

	プラスのストローク	マイナスのストローク
まわりの人から **うけた** ストローク	《例》友だちがわたしのかいた絵を見て「うまいね」と言った。（こ）＊	
まわりの人に **あたえた** ストローク		
まわりの人から **してもらいたい** ストローク		╲

86

05 わたしの関係地図

目標 わたしと、まわりの人たちとの関係を図で表しその関係を見直す。

方法

・わたしの関係地図をつくる。
・関係地図をつくって、わかったことをシェアリングする。

用意するもの

8ツ切りサイズの画用紙、色えんぴつ

■「わたしの関係地図」 作品例（1年）

●学習の流れ (45分)

時間	学習活動	支援のポイント
35分	①「わたしの関係地図」をつくる。 ・自分のイメージの色・形・大きさを決めて、画用紙に描く。 ・その後、家族や友だちなど、自分のまわりの人々のイメージの色・形・大きさなどを決めて画用紙に描く。 ・近づきたい関係、疎遠な関係、疎ましい関係、好ましい関係、気になる関係、変えたい関係など、それぞれの関係を書き込む。 ──── 濃い・強い ……… 薄い・弱い ━━━━ 引き合う ←──→ 反発 ─×→ ←×─ 切れかけている	・画用紙を用意する。 ・1枚の紙を自分の世界として定め、自分の位置を確定させる。 ・○、△、□、●、？など、いろいろな記号や図形で表現させる。 ・色、大きさ、距離などのイメージを表現させるとよい。
10分	②関係地図をつくってわかったことをシェアリングする。	・「家族の関係地図」、「クラスの関係地図」をつくることもできる。 ・「家族の関係地図」をつくるときは、つぎのようにするとよい。台紙全体を家族の空間とし、自分の位置を確定した後、それぞれの家族を位置づけていく。その後、自分がいたい場所や、家族との距離や強弱関係などを推し量って描くとよい。 ・「クラスの関係地図」は、小グループとして表現することもできる。もし孤立している子がいれば、対応する。 ・自分は、このクラスでどこまで関係を広げていけるかを考えることがたいせつであることを伝える。大きらいな子がいても、そのことを正直に示す必要はない。

実践ノート（1年生）

●自分1人では生きられない

「みんなは、1人では生きられないよね。みんなのまわりには、どんな人たちがいるの？」とたずねると、子どもたちは、家族や友だち、親戚や習い事の先生など、いろいろな人をあげました。

●お母さんのマークは、ここがいいかな

「今日は、自分とその人との関係を絵にしてみます。まず、自分を色にたとえたら何色かな？」とたずねて、その色（色えんぴつ）で、自分を表すマークを、紙のある場所（自分がいると考える場所に意識して）に描くように伝えました。

つぎにお母さんを描くように指示します（このとき、子どもの家庭環境を配慮します）。お母さんをイメージする色でマークを描くとき、自分から近くにいるのか、遠くにいるのかを考えましょう。また、お母さんと強くつながっているのかそうでないのかを考えて、太い線にしたり、細い線にしたりして、自分とつないでみましょう。きらいな場合には、線に×をつけてもいいです」と言うと、子どもたちはいろいろ考えながら、お母さんの位置を決め、線でつなぎました。

●1年生でも十分できます

当初、1年生にはむずかしくて、理解できないプログラムではないかと心配していましたが、やり方がわかると、自分の関係を探りながら、黙々と描いていきました。

シェアリングでは、「みんなのことを描くことができてよかった」「意外と、お母さんとつながれていなかったと思った」「お父さんは、すごくたよりになる」「死んだ人が生き返ってきたり、いちばん大好きな○○さんが死んじゃって悲しい気持ちがよみがえってきた」「自分の近くじゃない人も近くにいるみたいだった」「自分の近くの人が、もっと近くになりそうだった」など関係を再発見した感想が寄せられました。

実践ノート（2年生）

●たくさんの人とかかわりあっていることを確認

「みんなのまわりには、どんな人がいるの？」とたずねると、子どもたちは家族、友だち、先生、親戚などいろいろな人をあげます。そこで、自分とその人たちの関係の地図を描くというプログラムの趣旨を説明しました。まず自分を、つぎに家族、友だち、先生の順で描かせていきました。最初は、進め方にとまどっている子もいましたが、1人、2人と描いていくうちに夢中になり、「こんなに描いたよ。でも、まだまだいっぱい描かなくっちゃ。だって、○○さんも△△さんも友だちなんだもん」とうれしそうに話す子、「○○ちゃんは何色が好き？　じゃあ、○○ちゃんのマークはその色で描いてあげる」と得意気な顔で地図を描いていく子など、楽しい時間がすぎていきました。

●友だち関係を知るために

言動に落ち着きがなく、友だち関係がうまくいかないAさんがいました。家庭でもいうことを聞かずに駄々をこねている状態で、保護者はどうすればいいかわからずに困っているとのことでした。担任の私は、Aさんが1年生のとき、同性との友だちづきあいがうまくできていなかったことを思い出し、学校での居場所が見つかれば落ち着くのでは、と考えました。その糸口として、Aさんのいまの友だちとの関係性を知ろうと思いました。

●意外な友だち関係を発見し、指導に生かす

Aさんは、クラスでみんなから好かれている活発でしっかり者のBさんを地図に描き、その子と自分とを太い線で結びつけました。「これは意外だな」と思って2人のようすを見ていると、AさんがBさんをたいへん慕っていることがわかりました。だれかに注意をうけると、かっとなってつっかかっていたAさんが、Bさんから注意をうけると素直に聞いたり、Bさんが側にいると落ち着きを見せるので、グループやペア活動で2人がいっしょになる機会を増やしました。Aさんはもともと几帳面でしっかりしていたので、落ち着いて学習にとり組むようになってからは、クラスの「ノート名人」になるなど、いい変化が見られるようになりました。

06 関係をはばむもの

目標 なかまはずれや、いじめなどを疑似体験し、いじめの問題について考える。

方法

- 「進入ゲーム」をする。
- 「うさぎとかめゲーム」をする。
- それぞれの立場を経験して、シェアリングする。

用意するもの

童謡「うさぎとかめ」の歌詞を板書、あるいはプリントとして配布
読み聞かせ用『わたしのいもうと』（松谷みよ子・文、味戸ケイコ・絵、偕成社）

「うさぎとかめ」

1番
　もしもし　かめよ　かめさんよ
　せかいのうちで　おまえほど
　あゆみの　のろい　ものはない
　どうして　そんなに　のろいのか

2番
　なんと　おっしゃる　うさぎさん
　そんなら　おまえと　かけくらべ
　むこうの　おやまの　ふもとまで
　どちらが　さきに　かけつくか

（詞：石原和三郎；曲：納所弁次郎）

（サイドタブ：情動対処スキル・ストレス対処スキル／自己認知スキル・他者理解スキル／コミュニケーションスキル・対人関係スキル／意志決定スキル・問題解決スキル／創造的思考スキル・批判的思考スキル）

●学習の流れ (45分)

時間	学習活動	支援のポイント
10分	①「進入ゲーム」をする。 ・グループ(10人くらい)ごとに、腕を組んで、円をつくる。 ・進入者を1人決める。 ・進入者は円に入ろうとし、円をつくっている人たちは絶対に入れないようにする。	・肩を寄せあい、円をつくってもよい。 ・30秒で、進入する子どもを交代する。 ・円の中にいる人を外に出さない(「脱出ゲーム」)という形でしてもよい。
5分	②中に入れてもらえないときの気持ちを発表する。	
20分	③「うさぎとかめゲーム」をする。 ・「うさぎとかめ」の歌詞を朗読する。 ・3つのグループをつくる。 ・かめのグループをうさぎのグループがとりかこむ形をつくる。 ・うさぎが、①一番を3回ほど歌ったら、亀が②番を3回ほど歌う。 ・各自、うさぎ、かめ、観察者の三役をローテーションで経験する。	・歌詞を黒板に掲示する。 ・1番を歌うグループ(うさぎ) ・2番を歌うグループ(かめ) ・観察者 ・動作をつけたり、歌い方を工夫したり(例えば意地わるそうに歌う)すると、より効果的になる。 ・いじめられるもの、いじめるもの、黙認するものの気持ちを味わえるとよい。
5分	④うさぎになって歌ったときの気持ち、かめになって歌ったときの気持ち、また、歌われたときの気持ち、さらに観察者になって感じたことを、各グループごとに話しあう。	
5分	⑤全体でシェアリングする。	・『わたしのいもうと』(松谷みよ子・偕成社)を読んで終える。

実践ノート（2年生）

●ただ見ているだけでも、加害者なのです

「侵入ゲーム」と「うさぎとかめゲーム」は、大はしゃぎでした。さて、2つのゲームが似ているところは何かと問うと、「なかまはずれや、いじめと関係のある」ことが、初めて子どもたちに意識されました。いじめる人と、いじめられる人との関係、これは2年生の子どもたちにもすぐに理解できます。そこで第三者として、それを見ているだけの人、という立場を説明すると、ハッとした表情をしたのが印象的でした。

「どの立場にもなってほしくありません。どうしてかというと、人のこころにうけた傷は深く、一度心がこわれたら、元にもどらないこともあるからです」というと、教室はし～んとなりました。

●悲しい実話です

松谷みよ子著『わたしのいもうと』の読み聞かせに、30人の子どもたちが集中して聞き入りました。「妹は何もしていないのに」と、妹を傷つけた友だちを非難する意見がたくさん出ました。

どの立場にもなり得る子どもたちです。それぞれの立場になりかけたときの在り方について、みんなで考えました。

人間という弱い器が、いじめられる立場になり、それを見ているだけの立場になり、さらには、いじめる立場にもなり得るのです。人として、してはならない領域があることを、子どもたちに、しっかりと教え込みたいところです。

正しいことは、みんな知っているはずです。ところが、人は弱い存在です。まわりの空気に合わせてしまったり、自分が攻撃されるのがこわくて何も言えなくなったりすることもあるでしょう。

このプログラムは、すべての学年で、しかも、タイミングを見て何回もとり上げるべきテーマだと思います。子どもたちにとって、非常に身近な題材であることはいうまでもありません。

07 視るコミュニケーション

目標 視ることを楽しみながら他者とコミュニケーションをするなかで、自分の思いを伝えたり、他者の思いをうけとったりする。

方法

- フィンガーペインティングで作品をつくる。
- 自分の色を楽しみながら作業する。
- 仕上げた作品について、グループごとに話し合う。
- 全体でシェアリングをする。

用意するもの

画用紙または模造紙、ポスターカラー3原色（赤・黄・青）または絵の具、せんたくのり、ぞうきん
『あおくんときいろちゃん』（レオ＝レオーニ・作、藤田圭雄・訳、至光社）
『じぶんだけのいろ』（レオ＝レオニ・作、谷川俊太郎・訳、好学社）

フィンガーペインティング

　指に直接絵の具をつけ、画用紙になすりつけて絵を描く技法。絵の具に少量のせんたくのりを混ぜると、立体感のある作品になる。

　思い切り画用紙に色をぬりつけることで、全身にうっ積されたものを解放していく効果があり、とくに、子どものフラストレーションを発散させるときに有効。非言語的な意識下の情動が表出され、表現行為によるカタルシス（浄化）効果がある。絵画療法の1つとしてよく用いられ、絵画表現がそのまま自己表現となり、こころの病を治すのに役立つといわれている。

●学習の流れ（90分）

時間	学習活動	支援のポイント
10分	①『あおくんときいろちゃん』『じぶんだけのいろ』の絵本を見る。	
35分	②フィンガーペインティングで作品をつくる。	・自分を象徴するものであれば何でもよい。 ・周囲を汚さないように気をつける。
15分	③グループ内で自分たちの作品について話しあう。 　グループごとに題を決める。	・終了後、かたづけをする。 ・フォトランゲージ（既存の写真を選んでメッセージとする）や、コラージュで自分を表現することもできる。
30分	④グループごとに発表し、全体で感想をシェアリングする。	

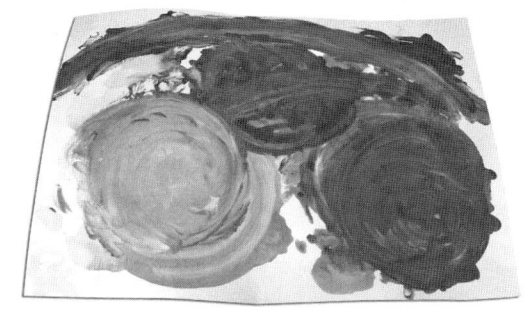

■フィンガーペインティング　作品例

実践ノート
（2年生）

●指が筆です、だいたんにどうぞ

　このプログラムで実践するフィンガーペインティングは、模造紙1枚に、4人グループで絵を描く、たいへん楽しい作業です。作業後は、グループごとに発表するので、熱心に題を考え、説明文をメモします。

　自分のイメージを描こうとしても、すぐに描き始めることができない子どもは、とりあえず、丸や四角を1本の指でぐるぐると描いています。35分間とゆったり時間をとっていたので、だんだんとおもしろいぬり方が出てきました。手のひらいっぱいにポスターカラーをつけて、手形を紙に押しつけるグループがあり、この方法は、すぐに教室中に広まりました。全体の背景を点々でぬったグループ、4人の絵を道路でつないで町にしたグループ、作品をつくり上げている段階で、すでに全体のストーリーを完成させたグループ、それぞれが特徴ある作品になりました。

……………………………………………………………………………………

●小さな芸術家たち、表現の楽しみにそまって

　グループごとの発表は90分間では収まりきらず、さらに15分間ほど費やしました。発表は、全員の質問や意見をうけつけて、活気のあるシェアリングになりました。

　いつもおとなしい感じの子どもの何人かが、意外にも、大きくまとまりのあるイメージを描いていました。逆に、イメージではなく、具体的に描き上げた子どももいます。また、模造紙をパレットにして、三原色で個性的な色をつくり出した子どももいました。

　このプログラムに限ったことではありませんが、子どもたちが、あることに一生懸命にとり組んでいるすがたを見るのは興味深いことです。そして、その子どもたちからパワーをもらい、癒されたように優しい気持ちになっている自分に気づき、この場にいられる幸せを感じることがあります。

……………………………………………………………………………………

08 聴くコミュニケーション

目標 聴くことを楽しみながら、自分をとりまく世界とコミュニケーションをする。サウンドマップつくりを通して、自分の思いを伝えたり、他者の思いをうけとったりする。

方法

・音当てをする。
・目をとじて周囲の音に耳をかたむけ、聞こえてきた音を図にして、「サウンドマップ」をつくる。

用意するもの

音の鳴るものを多数
例：太鼓・タンブリン・カスタネット・トライアングル・空きかん・笛・ペットボトル・シンバル・木琴・マラカスなど
聴診器（あれば）
B4判の紙、色えんぴつ
たんけんボード

サウンドマップ

音の風景を地図に表したもの。ここでは、絵や図、言葉などでかき表す。
CD・ビデオ「未来に響け関西の音風景」で、地域の音を聞くことができる。
CDやインターネットを利用して、この授業を進めることもできる。

●学習の流れ (45分)

時間	学習活動	支援のポイント
10分	①音当てをする。	・ついたてなどの後ろで、さまざまな音を鳴らし、何の音か当てる。
30分	②「サウンドマップ」をつくる。	・運動場に出てもよい。 ・自分の心臓が脈々と打ち続ける鼓動を、命のリズムとして実感する。 ・聴診器があれば、自分の心臓の音と樹木や動物などの鼓動と比べてみるとよい。聴診器なしでも、樹木の幹に耳を当てると聞くことができる。 ・目をとじ、周囲の音に耳を傾ける。聞こえてきた音を下のようなサウンドマップで表現する。
5分	③感想をシェアリングする。	・シェアリングする。 ・自然の音に合わせて、自由に動いてみてもよい（風、波、水など）。

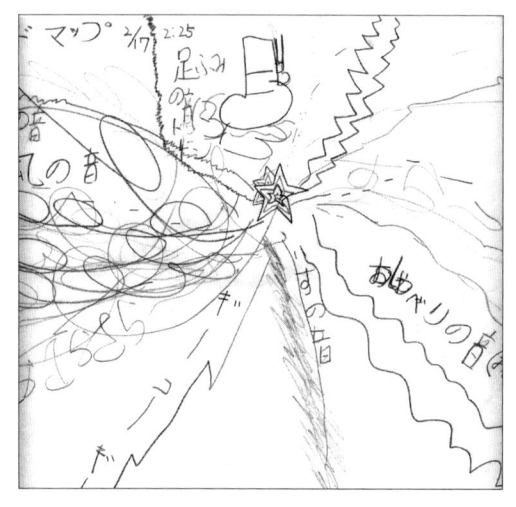

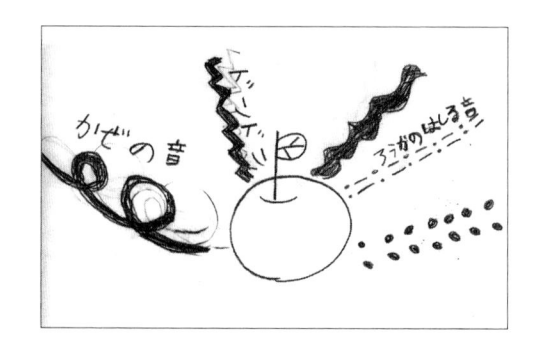

■「サウンドマップ」作品例

実践ノート
（2年生）

●音当てゲーム

　このプログラムは、カスタネット、トライアングル、ギロ、ウッドブロック、拍子木、鈴、カバサ（打楽器）、給食に出た飲み物の容器、ティッシュペーパーの箱、せんべいの缶などを使って、音当てゲームからスタートしました。

　担任は、教室の後ろのオルガンの陰で音を出します。子どもたちは、うつぶせになって音を聞き、何の音かわかったら挙手して答えるというゲームです。

●耳をすまして、音の地図づくり

　つぎは、「サウンドマップ」づくりです。この作業の所要時間は、30分間で、集中して作業を進めさせました。

　まず、2分間じっとして聞くことに集中し、それをマップに表すことにしました。うつぶせになって目をつぶったり、頭を横にして目はきょろきょろさせたり、どの子も、どんな音も聞き逃すまいと身がまえました。寒い季節でしたが、窓やドアを開け放ちました。2分間は長く感じられました。

●音もストローク、音で世界とつながっている

　「サウンドマップ」を描く作業は、すでに「わたし関係地図」（87ページ）を描いた経験があるので、描くのに躊躇する子どもはいませんでした。

　「わたしたちは、音を通して人や自然とコミュニケーションをとり、多くのストロークをまわりからうけている」ということを再確認してしめくくりました。

09 触れるコミュニケーション

目標
- いろいろなものを手でさわることで、体感覚を楽しむ。
- 身体を使って、表現する楽しさを味わう。

方法
- 箱のなかに入っているいろいろなものを、手でさわって何かを当てる。
- グループに分かれ、1人ひとりの手をさわってその感触を確認し、それぞれ目をとじてだれの手なのか当てっこする。
- グループごとにテーマを決めて、そのものを身体で表現し、見せ合う。

用意するもの
タワシ・こんにゃく・綿・野菜など、手ざわりのちがうもの。フィーリングボックス（上面に手が入る穴を開けた箱。中が見えないようにする）

●学習の流れ（45分）

時間	学習活動	支援のポイント
10分	①フィーリングボックスに入っているものが何であるか、手でさわって当てる。 《例》 ・いろいろなさわりごこちがあるな。 ・さわっただけでは、何かわからないものもあるな。	・フィーリングボックス（上面に手が入る穴を開けた箱）を用意する。中に、タワシ・こんにゃく・綿・野菜など、さまざまな手ざわりが味わえるものを入れる。 ・1度に多くの子どもにさわらせたいときは、箱に大きな穴をあけ、布をかぶせるとよい。
5分	②グループの人たちの手をさわってみる。 《例》 ・同じ手でも、さわってみるといろいろな手があるな。	フィーリングボックス
5分	③目をとじて、グループの他の人の手をさわって、だれの手かを当てる。どんな感じがしたか、なぜ当たったかなどの感想をいう。	・目で見た手と、さわった手では、それぞれ感じがちがうことに気づかせる。
20分	④グループでテーマを決め、そのテーマを身体で表現し、発表する。	・低学年では、あらかじめ支援者がテーマを決めてもよい。例えば、太陽・楽しさ・元気など。
5分	⑤感想をシェアリングする。	・グループごとに表現し、何を表現しているのか当てっこをしてもよい。

実践ノート（2年生）

●ハリネズミ？ それは、あり得ない

　フィーリングボックスには、スリッパ、大きなタワシ、スポンジ、するめの足、さいの目切りのこんにゃくを入れました。グループ対抗で楽しく実践できました。

●お手をどうぞ

　つぎは、グループの人の手をさわって、だれの手か当てっこしました。「男女で抵抗があるかな」と心配しましたが、初めに「体感覚の学習」と導入したせいか、みんなは抵抗なく握手をします。だれの手か当てるときは、いろいろな手の出し方やふれ方をして、ゲーム感覚です。正答率は高かったのですが、すべてが正解というわけではなかったので、簡単すぎず、むずかしすぎずで、あきることなく楽しめたようです。全体で感想を聞いたとき、人の手の感触のちがいが発表できました。すかさず、「みんな、体感覚がとぎすまされてきましたね。すばらしい！」と絶賛しました。

●ザ・ジェスチャー、みんなで1つの形

　最後は、グループごとに、体のすべてを使って気持ちを表現しました。表現するテーマは、みんなにアイディアをつのり、太陽、ブランコ、ゼリー、アフリカ、扇風機にしました。1つのテーマを選んで、黒板の前で発表します。「作戦タイム」と声をかけると、4名は顔をつきあわせて相談です。

　以前、2学期のお楽しみ会で、ものまねをするグループが、からだ全体で「こま」を上手に表現して大かっさいをあびたことがあります。その印象があったのか、即興の発表会が大いに盛り上がりました。太陽は、騎馬戦の体形にして徐々に日が昇るようすを表現しました。扇風機は1人を中心にして、他の3人がまわりを回りました。ブランコは、1人が体を前後させ、他の3人がブランコの柱や腰をかける板になりました。

　コミュニケーションは、言葉だけでなく、体の表現でも伝わることが確認できたプログラムでした。

⑩ 聴く実習

目標
- 聴き方には、3つのパターンがあることを知る。
- どんなものにでも関心をもち、耳をかたむけることによって、コミュニケーションができることに気づく。

方法
- 3つのコミュニケーションパターンを体験する。
- 校庭にあるもののなかから、自分の気に入った木や植物をさがし、対話する。
- 自分が見つけた宝物をみんなに紹介する。

用意するもの
A4サイズの画用紙、クレヨン、色えんぴつ

聴き方の3つのパターン

キャッチボールにたとえると……

- 聞き流す
- 反論
- 会話

「聞く」「聴く」「訊く」のちがい

「聞く」：音や声を耳で感じとる
「聴く」：心を落ち着け注意して耳に入れる
「訊く」：わからないことを人に質問する

●**学習の流れ**（60分）

時間	学習活動	支援のポイント
10分	①相手の質問に対する返し手となって3つの聴き方を知る。 ・聞き流す——相手の球を打たないで自分の球を打つ。 ・反論——相手がとれないように返す。 ・会話——相手の打ちやすいところに返す。	・言葉を球に見たてて、卓球や野球にたとえて教えてもよい。 ・相手の言葉に関心をもって聴き、うけとめたのち、相手のことを考えながら言葉を返すことで、会話が楽しく続くことに気づかせる。 ・具体的な会話のパターンを使って、会話の送り手、返し手、オブザーバーの3人組になって経験させてもよい。
20分	②校庭に出て、自分だけの宝物をさがし、対話を試みる。	・これまで、気にとめなかった植物でも、関心をもち、かかわり、語りかけることによってかけがえのない存在になることに気づかせる。 ・手ざわり、味、香りなど、五感を使って感じさせる。 ・その宝物をスケッチさせてもよいし、できれば持ち帰らせてもよい。
30分	③宝物と対話して感じたことを紹介し合う。	・おたがいに宝物を紹介しあう。 ・友だちの宝物を知ることによって、対話できるものがたくさんあることに気づかせる。

情動対処スキル・ストレス対処スキル

自己認知スキル・他者理解スキル

コミュニケーションスキル・対人関係スキル

意志決定スキル・問題解決スキル

創造的思考スキル・批判的思考スキル

実践ノート
（2年生）

●ロールプレイで、いろいろな聴き方を体験する

　黒板に、野球のピッチャーとキャッチャーを描いて、聴き方には3つのパターンがあることを説明しました。席の隣りどうしで、役を交代してやってみました。反論は言いたい放題で、たいへんうれしそうです。しかし、これは学習、おもしろいだけで終わらせないようにしなければなりません。自分ならどんな聴き方をされたいかを発表させて、コミュニケーションとしての「会話」が成り立つように指導しました。

●話さない相手とのおしゃべり、できた！

　つぎは、「校庭で見つけた自分だけの宝物」という題をプリントしたA4サイズの用紙を、探検ボードにはさんで校庭に出ました。「聴く力を生かしましょう。校庭で自分にとっての宝物をさがして、その宝物とこころのおしゃべりをしてみてね。プリントには、わたしの宝物は○○です。わたしが△△と言ったら、□□と答えました……というように書きます」と、指示しました。

　サッカーボール、小石、うんてい、鉄棒、クスノキ、校内で死んだ小動物のための記念碑……いろいろな宝物を選んでいます。記念碑を選んだ男の子は、「3年生になったら、ぼくはわり算ができるかな」と聞くと、「うん、できるよ」と答えがあったそうです。うんていに「いやな塾があるんだ」と声をかけると、「そうなんだ」と答えてくれたそうです。クスノキに、「何歳？」とたずねると、「79歳」の答えがあった、という女の子もいました。

●子どもたちのアニミズムを、ひたすら傾聴する

　「小さい子ほどアニミズム*の世界に生きている」と言われます。担任としては、子どもたちが、あらゆるもの(万物)と対話ができる能力に驚くとともに、そこで交わされる会話に聞き入るばかりでした。

***アニミズム**：幼児期の思考の一特徴で、命のない事物をあたかも命があり、意志があるかのように擬人化して考える傾向をいう。これは、J・ピアジェ(1968)によって提唱された。

●実習

あなたのまわりで感じたもの

上の図は、小学校の見取り図です。
A・B２点の地点に立って、10分間にあなたが観察した、あなたにとっての環境（見えるもの・聞こえる音・感じる雰囲気など…）を書きましょう。

環境には３つのものがあります。
その１は、あなたの内部環境、
その２は、目の前の環境、
その３は、地球環境です。
あなたが環境を調べようとするとき、次の３段階を経ます。
まず、そのありさまに気づき、それがまわりに広がっていきます。
つぎに、すでに気づいていたものと、新しく気づいたものとを比べることによって意識の模様替え(再構成)が起こります。
そして最後は、あなたが感じたものが何であるかをあなたなりに取捨選択して、言葉を並べていくという抽象的な道筋を通ります。

「環境を経験し学習する最大の目標は、人間が人間を取り巻くものとどのようなものを媒体としてかかわり合っているかを認識することである」（恩藤知典『神戸大学教育学部理科教育法講義ノート』より）

11 ハートビーイング

目標 言葉が人のこころに与える影響について知り、人と良好なかかわりをもつことができるようになる。

方法
- 今までに人から言われて悲しかった言葉やうれしかった言葉を思い出して書く。
- その言葉を言われたときの気持ちを考え、言葉が人のこころに与える影響について知る。

用意するもの
ワーク㉑「ハートビーイング」(109ページ)、模造紙、ピンクとブルーのハート型の紙、筆記用具、のり

● 学習の流れ (45分)

時間	学習活動	支援のポイント
5分	①ブレーンストーミングで、感情を表す言葉にはどんな言葉があるかグループで出し合い、出てきた言葉を発表する。	・気持ちをあらわす言葉がたくさんあることに気づかせる。 ・でてきた感情を表す言葉を「うれしかった言葉」(ポジティブ)と「悲しかった言葉」(ネガティブ)に分けて板書する。
7分	②今までに人から言われて悲しかった言葉を思い出してハートの外側に書き、その中から、一番悲しかった言葉を小さなブルーのハートに書く。	・ワーク㉑の上部分を用意する。 ・個人を限定するような言葉は書かないように注意する。 ・ブルーとピンクの色上質紙にハート(109ページ下)を印刷し、ハート型に切り抜いたものを用意する。
7分	③今までに人から言われてうれしかった言葉をハートの内側に書き、その中から、一番うれしかった言葉を小さなピンクのハートに書く。	
5分	④小さなブルーのハートは、模造紙のハートの外側に、小さなピンクのハートは、模造紙のハートの内側に貼る。	・模造紙は黒板に掲示する。

4分	⑤貼ったブルーのハートの中から、いくつかの言葉を取り上げ、言われた時の気持ちをシェアリングする。	・支援者が読み上げる。
7分	⑥貼ったピンクのハートの中から、いくつかの言葉を取り上げ、言われた時の気持ちをシェアリングする。言葉が人の心に与える影響について考える。	・日ごろの生活の中で、ピンクとブルーのどちらの言葉かけが多いかを考えさせる。 ・言葉はエネルギーを持つこと、その言葉のエネルギーは人の心を元気づけたり、深く傷つけたりすることを知らせる。
10分	⑦全体でシェアリングする。今の気持ちを紙に書きとめ、発表する。	・模造紙のハートの線に沿って、ハートを切りとり、外側の部分は、これから使わない言葉として、折りたたみ、封筒に入れて封印する。切り抜いたハートだけを掲示する。

★学年のはじめに有効。

■ハートビーイング　作品例

実践ノート（4年生）

●初めての参観

4年生になって、初めての授業参観で、「ハートビーイング」のプログラムをしました。グループで話しあっている場面も、一人ひとりが、これまでの経験をふり返り、一番うれしかった言葉や悲しかった言葉を考える場面も見ることができるので、保護者にとって、わが子の様子がよくわかるおもしろい授業だったと思います。

このプログラムを学年初めにしたことは、効果的でした。出てきた感情を表す言葉を、ネガティブ・ポジティブの2つに分けて、板書すると、つぎに悲しかった言葉やうれしかった言葉を書くときに考えやすかったと思います。

予想していたより、うれしかった言葉が書けなかったため、シェアリングがつぎの時間になりました。

●うれしかった言葉……う〜ん

ブレーンストーミングは、以前「動物の名前と言えば」「春と言えば」という題で学習していたので、「感情を表す言葉を3分間でたくさん出しあって」と言うと、どの班も15〜20くらい集めました。今までに人から言われて悲しかった言葉は、どんどん書けるのに、うれしかった言葉は、なかなか書けない子が多く見られました。

●相手を生かす言葉

ハートの外側の言葉を読み上げ、どんな気持ちになったかを聞き、ハートの外に「人を深く傷つける」と書き込みました。つぎに、ハートの内側の言葉を読み上げ、同じように気持ちを聞き、ハートの内側に「人の心を元気づける・勇気づける」と書き込みました。「言葉のエネルギーはすごいね。相手を生かす言葉を学んでいけるといいね」と言って授業を終えました。

●封印します

ハートを切り抜き、「外側の言葉は、使わない言葉として封印します」と言って、封筒の中に入れ、ハートの中だけを掲示しました。

●ハートビーイング

ワーク㉑

年　組　名前 _____

言われてうれしかった言葉をハートの内側に、いやだった言葉を外側に書きましょう。

情動対処スキル・ストレス対処スキル

自己認知スキル・他者理解スキル

コミュニケーションスキル・対人関係スキル

意志決定スキル・問題解決スキル

創造的思考スキル・批判的思考スキル

第4章

意志決定スキル・問題解決スキル

　直面する問題を未解決のままにしておくことは、ストレスがたまる原因になります。この章では、設定された場面で選択したり、入手した情報を組み立てたりするゲームを通して、問題を解決するためには、自分の力で選択し決定することが不可欠であることを学びます。そして、問題解決の具体的なスキルを紹介しています。

01 選択ゲーム

目標 選択が必要な場面で、自分の意志でどれにするか決定することができ、選んだことに関して責任をもつことのたいせつさを知る。

方法

- 「どちらが好き?」(二者択一)のゲームをする。
- 「どれにする?」(四択)のゲームをする。
- 「どう考える?」のゲームをする。
- 全体でシェアリングする。

用意するもの

ワーク㉒「どちらが好き?」(115ページ)
ワーク㉓「どう考える?」ゲームのテーマ例 (115ページ)

● 学習の流れ (45分)

時間	学習活動	支援のポイント
10分	①グループでワーク㉒「どちらが好き?」のゲームをする。 ・提示された2つのうち、どちらが好きか選ぶ。 ・同じ方を選んだ者どうしで、好きな理由を話し合う。	・5〜6人のグループをつくる。 ・例のような二者択一できるテーマにする。 「どっちが好き?」テーマ 《例》 「夏と冬」 「都会と田舎」 「クリスマスとお正月」 「昔と今」 「感情的と理性的」 ・子どもたちのようすをみながらテーマを決める。

15分	②クラス全体で「どれにする?」ゲームをする。 ・提示された4つのうち1つを選ぶ。 ・選択肢ごとに4つの場所に分かれて、選んだ理由を話し合う。 ・全体でそれぞれの理由を聞き合い、意見を出し合う。 「どれが好き?」テーマ 《例》 「季節——春・夏・秋・冬」 「北海道旅行に行く交通手段——車・鉄道・飛行機・船」 「遊びに行くなら?——海・山・川・遊園地」	・四択できるテーマを提示する。 ・4つのコーナーにカードを貼っておく。 ・他のグループの意見を聞いて、子どもが自分の意見を変えてもよい。
15分	③クラス全体で、ワーク㉓「どう考える?」ゲームをする（115ページ参照）。 ・「そう思う」「どちらかといえば、そう思う」「どちらかといえば、そう思わない」「そう思わない」の4つのうち1つを選び、話し合う。 ・全体でそれぞれの理由を聞き合い、意見を出し合う。 「どう考える?」テーマ 《例》 「テレビゲームは絶対必要か?」	・テーマは、日常生活で子どもたちに考えてほしいことや、クラスでの問題などをとり上げて設定する。 ・自分で考えて選択するようにする。 ・人には、自分とは異なるさまざまな考えがあり、多様な選択を尊重できるようにすることがたいせつである。選択することが、自分を知ることにつながる。
5分	④全体でシェアリングする。	

実践ノート（6年生）

●子どもたちのようす

　「どちらが好き？」ゲームは生活班で、「どれが好き？」ゲームと「どう考える？」ゲームはクラス全体で実践しました。小集団から大集団へと、学習集団は変化しましたが、どちらの学習集団でも、子どもたちは「みんなの前で自分の考えを発言すること」と「みんなの意見を聞くこと」の2つの活動に、たいへん興味を示して意欲的に取り組んでいることが、学習中のようすや実践後の感想からもうかがえました。

　学習活動自体は、自分で考え、発言し、他の人の意見を聞くという、比較的、単純で容易なものですが、まわりとかかわり合いながら学習するという形態が、子どもたちにとって非常によい結果を導き出すことを再認識することができました。

　また、ふだんの学習や生活のなかでよく直面することがらに対して、シンプルに「考える・発言する・聞く・シェアリングする」というスキルを身につけることを目的とするこのプログラムは、ふだんの生活にも十分に生かすことができる要素をもっていることも再認識することができました。

●子どもの感想

　「人にまどわされず、しっかり自分の意見を選ぶことができた。また、同じ選択をした人の中でも、考え方がちがっていておもしろかった。他の人の考えもしっかり聞けたのでよかった」「自分の考えをしっかり言えたこと、みんなと会話ができたことが楽しかった。意外な考え方もあったけど、よく考えているところもあってよかった。自分の考えをいうことがたいせつなんだなと思った」などの感想がありました。

ワーク㉒

●「どちらが好(す)き?」

年(ねん)　組(くみ)　名前(なまえ)

《例(れい)》
- 長(なが)い夏休(なつやす)みがある
- 海(うみ)で泳(およ)げる
- 薄着(うすぎ)で動(うご)きやすい……

《例(れい)》
- 楽(たの)しいお正月(しょうがつ)がある
- 雪(ゆき)がふる
- あせが出(で)ない……

夏(なつ)が好(す)き

冬(ふゆ)が好(す)き

ワーク㉓

●「どう考える?」

《テーマ例》
- テレビゲームは私たちの生活に必要?
- 携帯(けいたい)電話は小学生や中学生には必要ない?
- 給食は残さず食べなければいけない?
- やられたらやりかえすのは悪くない?
- ドッジボールでは、力の強い者がボールを投げるのが当然?
- 女性の方が男性より料理をつくるのがじょうず?

情動対処スキル・ストレス対処スキル

自己認知スキル・他者理解スキル

コミュニケーションスキル・対人関係スキル

意志決定スキル・問題解決スキル

創造的思考スキル・批判的思考スキル

115

02 さんれもの冒険 パート1

目標 自分が手に入れた情報を組み立てて整理し、問題を解決する力を養う。
コミュニケーション能力を育てる。

方法

犬のさんれもの行動について、自分がもっている情報を言葉で提供し合いながら、時間内に冒険図を完成させる。

用意するもの

ワーク㉔「さんれもの冒険」(119ページ)ルートマップと正解のマップ(グループ数)、ワーク㉕「情報カード」とワーク㉖「絵カード」(それぞれ1枚ずつ切りはなしておく)の入った封筒(グループ数)、筆記用具

●学習の流れ (45分)

時間	学習活動	支援のポイント
10分	①ゲームの説明を聞く。 ・グループ内で、情報カード1組分を均等に配る。 ・各自が持ったカードの情報を読みあげて伝え合う。 ・その情報をもとに、グループのメンバーと協力してルートマップに絵カードを並べる。 ・時間は20分程度に制限する。	・6人のグループをつくる。 ・各グループに、さんれもの冒険のワーク㉔「ルートマップ」とワーク㉕「情報カード」とワーク㉖「絵カード」を1組ずつ配る。 ・情報カードは、他の人に見えないように配る。 ・カードを他の人に渡したり、見せたりしない。情報は、必ず言葉で伝え合うことにする。 ・言葉で伝え合うことにより、コミュニケーション能力が育ち、問題解決力が高まる。
20分	②グループで協力してゲームをする。	・イメージがわくよう話をしてから始めるとよい。「お天気がいいので、犬のさんれもは冒険してみたくなりました。犬小屋から出たさんれもは、どんなものに出会いながら、どこへ行ったのでしょうか。みんなで相談しながら、マップに絵カードを並べて考えましょう」。
5分	③正解を聞く。	・情報カードを1枚ずつ読ませ、黒板に絵カードを貼っていくとよい。
10分	④全体でシェアリングする。	・どんな発言、態度が問題解決の助けになったかをふり返らせる。

実践ノート（4年生）

●どうやってやるの？

　まず、6人ずつのグループをつくりました。「グループのみんなで話し合いながら問題を解くゲームをします」と言い、ワーク㉔「ルートマップ」とワーク㉖「絵カード」を配りました。「つぎの"情報カード"は、裏むきにしてトランプをするときのように配ります。配られたカードは絶対に見せ合ってはいけません」と知らせた後、ゲームの説明をしました。

　「先生がかわいがっている犬のさんれもが冒険をしました。ルートマップに冒険した道を描いています。東西南北の方角を示しているので、北の方と書かれていたら、ルートマップの北に合わせて考えます。1人ずつ情報カードを読んでいき、さんれもがどんなものに出会ったのか、ルートマップに絵カードを並べていきましょう」

●めっちゃ、おもしろかった

　子どもたちは、情報をもとに絵カードを並べはじめました。「これがこっちじゃないの」と相談しあうグループ。「花畑について書いてあるカードをもっている人は読んで」と情報をしぼって考えるグループ。「おばあちゃんの家に着くと思うから、おばあちゃんの家がここだと思う」と想像しながら進めるグループ。また、「最初から枠に入れて考えたらやりにくいから、カードは別に置いていこう」とやり方を工夫するグループ。上手に相談できたグループは、5分間で完成。15分間経過した段階で、3グループが完成しました。1グループだけは、犬小屋の場所だけ教え、さらに5分間延長してもできませんでした。理由は、中心になった子どもが、他の子の意見を聞き入れなかったからです。このプログラムが目標とする「コミュニケーションをうまくとること」ができなかった例でした。

　子どもたちに、情報カードを1枚ずつ読ませながら、黒板に絵カードを貼り付けて、答えを発表しました。5つのグループは、「やったあ」と大喜び。「どうだった？」とたずねると、「めっちゃおもしろかった」「先生、パート2を考えて」などと、みんなで完成させた満足感でいっぱいでした。

実践ノート
（5年生）

●感想は多彩

　このプログラムを実践したあとで、「どの人の、どんな発言や態度が問題解決につながりましたか?」と問いかけました。子どもたちからは、さまざまな感想が出ました。
・Aさんが、「情報カード」を冷静に読んでくれたのでとても聞き取りやすく、解決の助けになりました。また、みんなも冷静だったので、わりに早く解決することができました。
・みんなが冷静に話しあい、ちょっとわからなくなったら、「もう1度言って」とか、完成してからも「もう1回見直そう」などとグループでよく相談することができました。
・順番を決めて発表したので、順序よく進むことができました。
・「情報カード」の説明を、みんながちゃんと聞いてくれました。だから、すぐに言いたいことが伝わりました。それに、おたがいが人の意見をよくうけ入れて協力したので、もめることもありませんでした。
・どなったり、勝手に発言したりせずに、全員が情報を提供しあったことが問題解決につながったと思います。

●問題解決には何が必要？

　さらに、「グループで情報を提供しあって問題解決をするには、どんなことが必要だと思いますか」と問いかけました。
・みんなが人の話を聞いて、協力しあうこと。
・自分だけではできないことなので、みんなで協力し、そして集中することがたいせつ。
・あせらないで、1人ずつ冷静に発言したらスムーズにいくと思う。
・問題を解決するには、冷静さが必要だと思う。

　このプログラムが目標とする「情報を組立てて整理し、問題を解決する」「コミュニケーション能力を育てる」に、かなり近づくことができた実践であったと思います。

ワーク㉔

●さんれもの冒険
ルートマップ

年　組　名前

北

西　　　　　　　　　　　　　　　　　　　　　　　　　東

南

情動対処スキル・ストレス対処スキル

自己認知スキル・他者理解スキル

コミュニケーションスキル・対人関係スキル

意志決定スキル・問題解決スキル

創造的思考スキル・批判的思考スキル

ワーク㉕

●さんれもの冒険
情報カード

1枚ずつ切り取り情報カードにする。

かぶと山から東の方に草原が見えます。	川を北へ行くと丸木橋がありました。	おばあちゃんの家の南の方に草原が見えます。
サルは、近くにあるかぶと山や草原で遊びます。	花畑の北に馬の足あとを見つけました。	さんれもははじめに馬に会い、次にサルに会いました。
おばあちゃんの家の西にはイチゴ畑が広がっています。	馬の足あとは北の草原へ向かっています。	サルに会った所から西へ行くとかぶと山に着きました。
花畑の北の方に草原が見えます。	犬小屋を出るとやきいものいいにおいがしてきました。	かぶと山から北へ川が流れています。
おばあちゃんの家にはえんとつがあります。	犬小屋から東の方に花畑があります。	草原には馬がいました。
丸木橋の東にイチゴ畑があります。	川にはたくさん魚が泳いでいました。	かぶと山の南側は、がけで行き止まりです。

ワーク㉖

●さんれもの冒険
絵カード

1枚ずつ切り取り、絵カードにする。

北
西　東
南
（正解）

情動対処スキル・ストレス対処スキル

自己認知スキル・他者理解スキル

コミュニケーションスキル・対人関係スキル

意志決定スキル・問題解決スキル

創造的思考スキル・批判的思考スキル

03 さんれもの冒険 パート2

　「さんれもの冒険」は、たくさんの学校で実施され、子どもたちに大人気のプログラムの1つになりました。そこで「先生、パート2考えて」の要望に応えました。
　ワークショップでは、大人も夢中になってルートマップを完成させようとします。「自分の意見を主張するばかりではうまくいかず、相手の発言にもよく耳を傾けないといけませんでした。子どもたちのコミュニケーションのスキルを高めるのに大変有効だと思いました」「グループで知恵を出し合い楽しいひとときでした。クラスの子どもたちにも、このグループ作業を通じて信頼感や達成感などを味わわせてやりたい」などの感想が寄せられています。

・方法は「さんれもの冒険パート1」と同様です。

・情報カードはワーク㉗「さんれもの冒険パート2」用（★がついたもの）を使いますが、ルートマップと絵カードは、「さんれもの冒険パート1」で使うものと同じです。

・一方通行だと知らせると、ルートマップに絵カードを並べやすいです。

・4年生の子どもたちは、自分たちで情報カードをつくりました。

●さんれものぼうけん　パート2（正解）

●さんれもの冒険 パート2
情報カード

ワーク㉗

1枚ずつ切り取り情報カードにする。

川を南へ行くと丸木橋がありました。 ★	犬小屋の南の方に川が見えます。 ★	サルは、近くにあるかぶと山で遊びます。 ★
草原の南に馬の足あとを見つけました。 ★	さんれもは、はじめに馬に会い、次にサルに会いました。 ★	おばあちゃんの家の西には花畑が広がっています。 ★
馬の足あとは北の草原へ向かっています。 ★	サルに会った所から西へ行くとかぶと山に着きました。 ★	花畑の北の方に草原が見えます。 ★
丸木橋をわたるとやきいもを見つけました。 ★	おばあちゃんの家の東側に川が流れています。 ★	おばあちゃんの家にはえんとつがあります。 ★
犬小屋から西の方に草原があります。 ★	草原には馬がいました。 ★	犬小屋を出るといちご畑があります。 ★
川にはたくさん魚が泳いでいました。 ★	かぶと山に登ってサルとやきいもを食べました。 ★	

情動対処スキル・ストレス対処スキル

自己認知スキル・他者理解スキル

コミュニケーションスキル・対人関係スキル

意志決定スキル・問題解決スキル

創造的思考スキル・批判的思考スキル

04 いいよん小学校探検

目標 自分の得た情報をグループ内で伝え合いながら、ルートマップを完成させる「さんれもの冒険」と同様のプログラム「いいよん小学校探検」です。

方法

いいよん小学校の児童の行動について、情報を言葉で伝え合いながら、時間内に小学校の図を完成させる。

用意するもの

いいよん小学校「校内マップ」(ワーク㉘、126ページ)と正解のマップ(グループ数分)、
「情報カード」(ワーク㉙、127ページ)と「絵カード」(ワーク㉚、128ページ、それぞれ1枚ずつ切りはなしておく)の入った封筒(グループ数分)
筆記用具

● 学習の流れ

116ページの「学習の流れ」と同様におこなう。

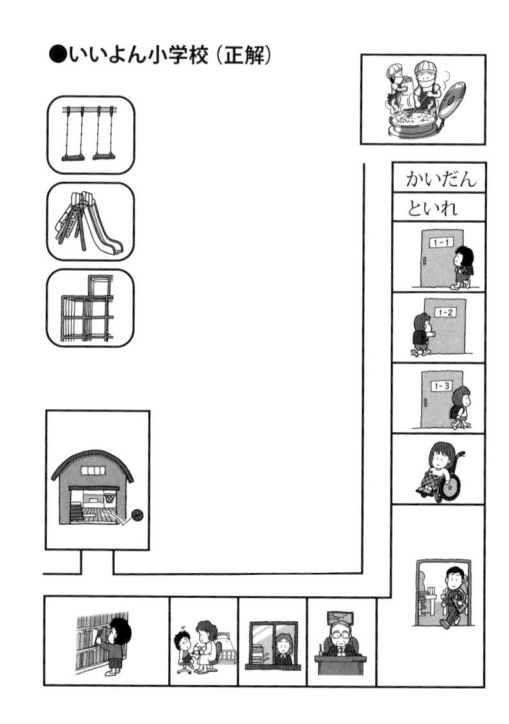

●いいよん小学校(正解)

実践ノート（2年生）

●やっぱりおもしろい！

　1、2年生の生活科でおこなう学校探検は、校内マップを見て2年生が1年生を案内し、どんな教室かを説明しながら、校内を回ります。学校探検をした後に、この「いいよん小学校探検」をおこないました。

　黒板に教室名が書かれてない校内マップ（ワーク㉘）を貼り、「教室名カードをこのマップに、情報カードに書かれたことに合うように貼っていきます」とやり方を説明し始めると、「えっ、つまんなさそう」と一番前に座るAさんの声がしました。

　例として「真ん中にすべり台があります」とシャッフルした3枚のカードを読み上げながら、校庭の3つの遊具の配置を全員で考えました。それから、グループに、マップと教室名カードを配布しました。「早く字の書いたカードも配って」とさっきのAさんが急がせます。

　シャッフル係を決め、情報カード（ワーク㉙）をグループ内で全員に配ってゲームを開始しました。顔を寄せあい、夢中になって、情報を共有しながら教室名カードを置いていきました。一番に完成したのが、Aさんのグループ。「正解」と告げると拍手し、「もう1回やろう」と再度カードを配っていました。

　最後のシェアリングでは、「なかよくできたから」「何回もカードを読んで聞いたから」「みんなで考えたから」と完成できた理由がいろいろ出てきて「おもしろかった」と感想を話していました。

　「先生、別の探検マップはある？」と聞かれたので、「犬のさんれもが冒険するマップがあるよ」と言うと「明日やりたい！」とAさんはやる気を見せました。友だちとコミュニケーションを取りながら、問題を解決するこのプログラムのもつ魅力を改めて実感しました。

●マップの大きさを工夫

　「校内マップ」に運動場も入れたため、B4に拡大しても各教室が小さくなり、各教室名カードも小さくならざるをえませんでした。そこでA3のマップをホワイトボード（百円ショップなどで入手できます）に貼り、教室名カードの裏に小さなマグネットシートを貼ると、低学年でもやりやすくなりました。

ワーク㉘

● いいよん小学校
　校内マップ

年　組　名前

かいだん

といれ

ワーク㉙

●いいよん小学校探検
情報カード

1枚ずつ切り取り情報カードにする。

おひるちかく げんかんをはいると いいにおいがします。	きゅうしょくしつには、おおきなおなべが あります。	1ねんせいには、1くみ、2くみ、3くみが あり、ならんでいます。
しょくいんしつには、せんせいたちの つくえがあります。	といれのとなりは、1ねん1くみです。	1ねん3くみのとなりは、くるまいすをつかう おともだちがべんきょうする おおぞらがっきゅうが あります。
こうちょうせんせいの おおきなつくえがあるへやは、しょくいんしつのとなりです。	じむしつのとなりは、けがをしたときに いくへやです。	1ねん2くみから としょしつにいくときは、ほけんしつのまえをとおって いきます。
としょしつには、ほんがたくさんあります。	としょしつのむかいがわは、たいいくかんです。	まっとやとびばこは、たいいくかんにあります。
ほけんしつには、べっどがあります。	おおぞらがっきゅうの おともだちは、1ねん3くみでいっしょに べんきょうします。	たいいくかんへは、しずかにろうかを あるいていきます。
きゅうしょくしつに いちばんちかいのは、1ねん1くみです。	ほけんしつは、じむしつととしょしつに はさまれています。	ぷりんとがたりないとき、こうちょうしつのとなりで こぴーしてもらいました。
いいよんしょうがっこうの うんどうじょうには 3つのゆうぐが ならんでいます。	まんなかに すべりだいがあります。	こうもんに1ばん ちかいゆうぐは、ぶらんこです。

情動対処スキル・ストレス対処スキル

自己認知スキル・他者理解スキル

コミュニケーションスキル・対人関係スキル

意志決定スキル・問題解決スキル

創造的思考スキル・批判的思考スキル

127

●いいよん小学校探検 絵カード

ワーク㉚

1枚ずつ切り取り絵カードにする。

05 ピンチをチャンスに

目標 1つの問題でも、人によってとらえ方が異なり、また困難と思われることがらでも、見方やとらえ方をプラスの方向にかえることができる。このように、だれでもピンチをチャンスにかえることができ、幸せになれることを知る。

方法

- 頭脳ゲーム（パズルゲームで視点を変えてみる）
- 幸せゲーム（ものごとに対して前向きな考えを持つ少女の話をきいて考える）
- 笑顔の効用（表情をつくってみる）

用意するもの

『愛少女ポリアンナ物語』エレナ・ボグマン＝ポーター（ぎょうせい）、割りばし

リフレーム

　リフレームとは「枠組み（固定観念）をかえる」という意味から発展して、「見方をかえる」「物事のとらえ方をかえる」という意味で使われる。リフレームの基本は、ピンチやトラブルが起きたとき、まず、現状を検証し、いつもの能力が発揮できていないとわかったら、もう1度、自分の目的を再確認することに始まる。そして、現状と目的の間にある必要な行動は何なのか、解決しなければならない問題は何なのかを分析し、それをクリアする解決法をいろいろ考えることである。

●学習の流れ（45分）

時間	学習活動	支援のポイント
5分	①頭脳ゲームをする。 問題 ・「9点を結べ」 　9個の点すべてを、4本の直線で、しかもひと筆で結ぶ。	（問題）　　　　　　　（答え） ・9個の点だけにとらわれるのではなく、そこからはみだして考える、つまり視点をかえて考えると、答えがみつかることに気づかせる。
35分	②幸せゲームをする。 ・『愛少女ポリアンナ物語』の幸せゲームについて知る。 ・下枠の文章の「　　」に入る言葉を考える。 ・ピンチをチャンスにかえる方法について考える。 《例》 ・コップに水が半分しかない。 →まだコップには水が半分残っている。	・少女ポリアンナは、自分の身にふりかかるさまざまな不幸なことに対して、とらえ方をかえることで幸せを見つけだす天才であることを紹介する。 ・（解答例）「杖をつかなくても一人で歩ける」 ・子どもたち自身に置きかえて考えさせる。 ・グループで話しあい、発表させる。 ・子どもたちの意見がポジティブにかわっていたら、すべてうけとめる。 ・とらえ方により、プラスの方向に転ずることを知らせる。
5分	③笑顔のパワーを知る。 ・割りばし1本を口にはさみ、口角をあげるように笑顔をつくる。	・口角を上げると、幸福感や安心感、満足感がわいてくることを伝え、つらいときにこそ「笑顔をつくる」と元気になることを伝える。

少女ポリアンナの幸せゲーム

　いじわるなおばさんに預けられたポリアンナは、何1つ飾りのない殺風景な部屋に入れられた。しかし、ポリアンナは決して悲観することなく「鏡がなくてよかったわ、だって、このそばかすだらけの顔を見なくてすむから」と言い、窓の外を眺め、「こんな素敵な風景が見える部屋なら、額の絵なんかいらないわ。この部屋をくださったおば様に感謝するわ」と、自ら幸せをさがすように、見方をかえることのできる天才だった。

例題
　あたしがね、人形をほしがっていたので、お父さんが教会へ頼んでくれたのだけど、お人形が来ないで松葉杖が来ちゃったの。教会からの手紙には「人形がないから、松葉杖を送ります。誰か使う人がいるかも知れないから」って書いてあったわ。でも私はうれしかったのよ。だって私は「　　　　　　　　　　」なのですから。

■リフレーミング　作品例

実践ノート（2年生）

●スッキリ！　頭脳ゲーム
「頭脳ゲーム」への取り組みは、みんな意欲満々でした。まずは、点と点を直線の一筆書きで結ぶということを簡単な問題で試し、その後、9点すべてを4本の直線で結ぶ問題に挑戦しました。5分間ほどねばったところでヒントを出して1本結んで見せると、正解者が出てきました。解答がうかぶと、うれしそうに前に出てきます。

●フレームをかえることがリフレーミング
ポリアンナの「幸せゲーム」の説明をすると、みんな固唾（かたず）をのんで話を聞いていました。ポリアンナの境遇は、2年生の子どもたちにとって過酷なものだと十分に理解できます。リフレーミングについては、黒板にフレームを描き、そこに、つらい状況をイラストにして描き入れました。矢印をして、もう1つフレームを描き、見方をかえてリフレーミングしたイラストを描きました。みんなは、リフレーミングは、ポリアンナの「幸せゲーム」と同じだと納得しました。

そして、困った状況を、どうすればリフレーミングできるかと問いかけました。ある男子が、「妹に耳を引っ張られた」をリフレーミングして、「耳がかゆかったのが、なおったよ。ありがとう」と言いかえて笑いをとりました。また、ある女の子が、「兄弟にバカにされた」というのを、他の子どもがリフレーミングして、「励ましてくれてありがとう」という意見を出しました。「100円しかない」を、「まだ100円もある」とだれかが言いかえると、「100円あれば、ジュースが飲める」と、明るい意見があがりました。

●やせがまんじゃないよ、ピンチはチャンス！
プログラムにはありませんが、A4サイズの半分くらいの画用紙にフレームを描き、困っていやな状況をイラストや文字で示し、裏面にリフレーミングした状況を入れる作業をしました。

まず、担任の状況を片面に描きました。母が亡くなったことがリフレーミングできるかどうかです。みんな「無理！」と言っています。正直、むずかしいことです。亡くなった母に、「深い感謝の気持ちを伝えたい」と言いながら、黒板に描きました。母は、自分にとって本当にたいせつな人で、どんなにか娘の自分によくしてくれていたのか、亡くなって、いまさらのようにわかったことや、もう母の声を聞けないからこそ、生前に自分に言ってくれたことのたいせつさがわかったことなどを伝えました。子どもたちはじっと聞いて、自分たちのリフレーミングにとり組みました。

笑顔パワーは、給食のお箸を出して、各自やってみました。「幸せホルモンが出てきたかな？」と聞くと、「なんか、おかしい」「笑いたい気分」と、口々にいいました。

> このプログラムは、2時間分（45分×2）かけて実践しました。

06 なりたいわたし、なれるわたし

目標 一般に理想のイメージは、周囲の期待、文化的背景、自己イメージなどを思い込むことから形成されるが、このようなイメージは真の理想ではないために実現可能なものではない。自分にとって、より現実的な理想を知る。

方法

- 「イメージ誘導」(137ページ)にしたがって「理想の自分」の木、「いまの自分」の木、この2つを融合させた「実現可能な理想の自分」の3つの木を画用紙に描く。
- 自分の好きな色をぬる。
- グループごとに、完成した作品について話し合う。
- 全体でシェアリングをする。

用意するもの

画用紙1人あたり3枚、クレパス

アンカーリング

- アンカーする (anchor)
 英語で(考えなどを)定着させる、固定させるという意味。ある行動(しぐさ)をしたときの心情が、別のときに同じ行動をしたときよみがえることがある。これを、自然に成立したアンカーという。ある刺激、ある行動をとることによって、あの心情を意図的によみがえらせることもできる。
 このプログラムでは、左手を胸に当てることで「理想のわたし」をアンカーし、右手をお腹に当てることで「いまのわたし」をアンカーする。

- アンカーリング (anchoring)
 2つの刺激、行動(しぐさ)をいっしょにおこなうことによって、その心情を融合させること。
 このプログラムでは、2つのアンカーを同時にすることにより、「理想のわたし」と「いまのわたし」を融合させて、「実現可能な理想のわたし」をイメージする。

●学習の流れ（90分）

時間	学習活動	支援のポイント
5分	①呼吸を整える。	・「イメージ誘導」(134ページ❶) 参照
15分	②「理想の自分」のイメージを木として、左手で描く。	・「イメージ誘導」❷を参照して、画用紙を配り、クレパスで描くよう支援する。
15分	③「いまの自分」のイメージの木を、左手で描く。	・「イメージ誘導」❸を参照して、画用紙を配り、クレパスで描くよう支援する。
5分	④グループごとに、1人ひとりが順番に「理想の木」になって語る。	・「イメージ誘導」❹参照。
5分	⑤グループごとに、1人ひとりが順番に「いまの木」になって語る。	・「イメージ誘導」❺参照。
5分	⑥「理想の自分」のイメージの木のフィールドに入り、「理想の木」になってみる。気持ちが動いてきたら、体で感じ、左手を胸に当てる。	・「イメージ誘導」❻参照。フィールドに入るというのは、理想の木の場にいるということで、いすの右側に立ってもよい。
5分	⑦「いまの木」のフィールドに入り、「いまの木」になってみる。気持ちが動いてきたら、体で感じ、右手をお腹に当てる。	・「イメージ誘導」❼参照。
5分	⑧左手を胸に、右手をお腹に当てて、⑥と⑦の思いを重ねあわせる。	・「イメージ誘導」❽参照。
15分	⑨浮かんできた「第三の木」（なれるわたし）のイメージを描く。	・「イメージ誘導」❾参照。
5分	⑩「第三の木」（なれるわたし）から「理想の木」、「いまの自分の木」を見てメッセージを書く。	・「イメージ誘導」❿参照。
10分	⑪グループごとにシェアリングする。	

実践ノート（1年生）

●イメージは、目の裏に写真を見ること

まず、ゆったりした長い呼吸をすることから、イメージ誘導が始まります。目をとじます。「理想の自分は、どんなでしょう。声に出さないで、目の裏に絵や写真のように映してみましょう」。

サッカー選手やケーキやさん、大工さんなど、将来の職業を思い描いた子、高学年になったら野球部のキャプテンになることを思い描いた子、明日の学習準備がきちんとできる自分を思い描いた子、みんな、それぞれイメージしたことでしょう。

●いまの自分・なりたい自分・なれる自分、みんなちがう

「右脳はイメージを豊かにするから、左手を使うといい」という簡単な説明を、子どもたちは抵抗なく、スッとうけ入れました。

左手を胸に当てて「理想の自分」をアンカーしたのち、「いまの自分」を左手で描きました。それぞれ、1枚目の絵とはちがって、形や色使いをかえて描いています。1年生にとっては、少しむずかしいかなと思ったプログラムでしたが、十分にこなしています。つぎは、右手をお腹に当てて「いまの自分」をアンカーしました。

いよいよ、実現可能な「理想の自分」の木です。左手を胸に、右手をお腹に当てて、2つの思いを重ね合わせました。目をとじて、呼吸はゆっくり。机の上に顔をふせたり、天井をあおいだり、首をかしげたりしてイメージしています。

「くっきり、はっきり、写真のようにイメージできたらいいですね。何かぼんやりでも感じられたらいいですね」というと、「ふーん」と、いう声が聞こえるほど考え込んでいます。

このプログラムでは、上手にお絵かきすることより、十分にイメージすることがたいせつです。「色ぬりはていねいでなくてもいい」と伝えました。

●過ぎたるはなお及ばざるがごとし（論語）

1年生は学習が好きで、一生懸命に取り組みます。しかし、1年生といえども、失敗して残念な思いや、うまくできなくて涙が出るような経験も積んでいます。「ピカピカの理想の自分と、いまの自分を合わせると、自分らしい理想の自分になるね。がんばることは、たいせつだけど、がんばりすぎは続かないものです。食べすぎはよくないし、ふざけすぎて悪ふざけになるのはよくないですよね」。「なれる自分」の絵のわきに、欄外のようなメッセージがありました。

> 「いまの自分さん、がんばってね。おうえんしているよ。理想の自分さん、そんなにがんばりすぎたらがんばれないよ。本当にがんばれないよ」「ねっこがちゃんとして、とれないぞ」「ゆめを、かなえられるかもよ」など、快いメッセージがつづられていました。

実践ノート（4年生）

●複数のプログラムを関連づけて、1単元を構成

現在の自分を見つめ、将来の夢や希望を述べる「10年後のわたしへ」の手紙を書くプログラムを、総合的な学習「2分の1成人式　自分らしく」として、参観日の授業でとり組みました。単元構成例（8ページ）を参照してください。

●わたしの関係地図からスタート

まず、自分を見つめるために、「わたしの関係地図」（87ページ）の作成からスタートしました。最初は、自分をイメージすることにとまどっていた子どもたちでしたが、自分を好きな色や形で描くと、つぎつぎに家族、友だちと描き進めていきました。「弟は好きだけど、けんかするから」と、関係を考えながらそれぞれを線で結んでいきます。でき上がった地図を見ながら、「友だちがたくさんいるなぁ」など、改めて自分とまわりの人々を意識していました。

●なりたいわたし　なれるわたし

つぎに、「なりたいわたし　なれるわたし」の作業に移りました。左手で描くことに少し抵抗があるようでしたが、理想の自分やいまの自分をイメージした木を描きました。いまの自分の木と理想の自分の木を重ね合わせて第三の自分の木をイメージするときには、「わからへん」「むずかしい」という声が上がりましたが、第三の木からのメッセージには、「いまの自分（木）は小さい。合体した木は大きめ、太め。なかまがたくさんいる。人に愛される心の大きい自分になりたい。笑顔は幸せを運んでくれるからいつも笑顔でいたい」「いま、天使と悪魔が必死に戦っているから、いまの自分をもう少しかえて……。そうしたら悪魔は負けるから」など、自分を客観的に見た素直な気持ちが表現できていました。

●そして、等身大の自分

自分を好きになるために、ワーク⑭「よいとこカード」（58ページ）に記入しました。等身大のシルエットのかわりに、自分の好きな色で名前を書いた画用紙に「よいとこカード」を貼りました。友だちの良いところを書いたカードを貼り歩くときも楽しそうでしたが、なんといっても自分の良いところが貼られた用紙を見ているときの顔は、とてもおだやかでうれしそうでした。

> 参観後の懇談会で、保護者によいとこカードを渡しました。「うちの子に、こんなよいところがあるとわかって安心しました」と喜んでおられました。

■イメージ誘導

❶「これから3本の木」というワークを始めます。いすに深く腰をかけて、頭のてっぺんが糸で引っ張られるような感じで、背筋を伸ばします。目を軽くとじて、自分の呼吸に気持ちを向けましょう。いまある息を、口から糸を吐き出すように、静かに長くはいていきます。ゆったりと呼吸をします。

....

❷では、理想のあなたをまぶたの裏に思い描いてください。理想のあなたは、どんなふうでしょうか。そして何をしているのでしょう。もし、理想のあなたを1本の木にたとえるとしたら、どんな木になるでしょう。どんな葉っぱをつけていますか。根元はどうでしょう、幹に触った感じはどうですか。ゴツゴツしているのでしょうか。それともシットリとしているでしょうか。何か周囲の音、例えば小鳥のさえずりを聞くことができるでしょうか。しばらくその木を感じて、味わってみてください。

　あなたが理想の木になったつもりで、目をとじたまま、その木を自分の体で表現してみましょう。枝の伸び具合をあなたの手で表現してもいいし、枝の張り具合を足で表現してもかまいません。理想の木を自由に表現して、その感じをしっかり味わいましょう。

　はい、目をゆっくり開けます。1枚の画用紙に、いま感じた理想のあなたを、木にたとえて描いてみましょう。左手[*1]で自由に、手のおもむくままに描いてみてください。

....

❸ではまた、いすに深く腰をかけましょう。軽く目をとじて、❶と同じように深呼吸をしましょう。次に、いまの自分をまぶたの裏に思い描いてください。どんな木になるでしょう。大きさはどうですか。太さはどうでしょう。どんな格好をしていますか。幹に触った感じはどうでしょう。硬いでしょうか、柔らかいでしょうか。それとも、なめらかですか。枝々はどのように伸び、どんな葉をつけ、どのようにしげっているでしょうか。まわりからは、どのような木に見えているのでしょう。どのように言われているのでしょう。いまのあなたを木でイメージすると、どんな木でしょうか。また、それを身体で表現してみると幹はどうでしょう。枝ぶりはどうでしょうか。日の当たる方向と当たらない方向に差はありますか。見えたもの、聞こえたもの、感じたものを1つに溶け合わせて、いまのあなたの木を自由に表現してみましょう。そして、その感じをじっくりと味わってください。

　はい、目をゆっくり開けます。画用紙にクレパスで、いま感じたいまのあなたを、木として描いてみましょう。左手で自由に手のおもむくままに描きます。決して上手に描く必要はありません。深く考えずに、手の動きにゆだねて描いてください。

....

❹理想の木をもって、自分が理想の木になって自分を語ってください。

……………………………………………………………………………………………………

❺いまの木の絵をもって、自分がいまの木になって自分を語ってください。

……………………………………………………………………………………………………

❻理想の木の絵をもって、理想のわたしになりきって自分を語ってください。語り終わったら左手を胸に当てて[*2]、しばらくその感じを味わってください。それが終わったら一度体をゆすったり、背伸びをしたりして元の自分に戻ってください。

……………………………………………………………………………………………………

❼つぎにいまのわたしの木の絵をもって、いまのわたしになりきって、自分を語ってください。語り終わったら右手をおなかに当て、いまの感じをしっかり味わってください。それが終わったら、ゆすったり、背伸びをしたりして元の自分に戻ってください。

……………………………………………………………………………………………………

❽では、またいすに深く腰を下ろして、深呼吸をします。軽く目をとじましょう。それでは、左手を胸に当てて、右手をお腹に当てます[*3]。理想のあなたといまのあなたが混ざりあっていくでしょうか。いま感じていることや、思いめぐらしていることをより深くあなたなりのペースで味わってみましょう。そしてその中から、フッとうかんでくる思いやイメージを楽しみましょう。

……………………………………………………………………………………………………

❾それでは、静かに目を開けて、最後の1枚の画用紙に第三の木を、左手で描いてください。

……………………………………………………………………………………………………

❿感想やメッセージ、気づいたことなど、なんでも自由に書いてください。

……………………………………………………………………………………………………

*1　左手は右脳につながり、右脳はイメージを司る。
*2　左手を胸に当てることで、理想の体感を体に結びつけることができる。
*3　2つの刺激を1つに融合させる。

■「なりたいわたし」 作品例

情動対処スキル・ストレス対処スキル

自己認知スキル・他者理解スキル

コミュニケーションスキル・対人関係スキル

意志決定スキル・問題解決スキル

創造的思考スキル・批判的思考スキル

07 コンセンサスゲーム

目標
- 問題を解決する1つの方法として、自分の意思決定をもとに、集団内の合意（コンセンサス）を得る方法があることを、ゲームを通して知る。
- ゲームを通じて、洞察力を深め、コミュニケーション能力を高める。

方法
- テーマに関する意見、あるいは問題解決の方法をブレーンストーミングでリストアップする。
- 各自適切だと思うものを理由も考えながら順位づけをする。
- グループでおたがいに意見を聞きながら、グループのコンセンサスをとり、グループ内での順位を決める。
- グループごとの決定を発表する。

用意するもの
A4判の紙、筆記用具

深刻な問題のときは

「いじめ」などの深刻な問題を解決する場合は、ブレーンストーミングを子どもにさせるのではなく、こちらから解決方法を提示するほうが効果的な場合がある。いじめをなくすいくつかの方法を以下にあげる。

○自分がいじめられている場合
- いじめている人に「やめて」と言う。
- いじめている人から逃げる（近づかない）。
- いじめていることをだれかに相談する。

○いじめられている人が近くにいる場合
- いじめられている人を自分のグループに誘う。
- いじめている人に「そんなことはよくないことだからやめよう」と言う。
- 自分はなかまはずれにしないようにする。
- いじめられている人のことを誰かに相談する。

これらのことをあらかじめ提示して、それを順位づけすることで深く考えさせる方法もある。

●学習の流れ （45分）

時間	学習活動	支援のポイント
10分	①テーマを聞き、それに対する解決方法を、ブレーンストーミングでリストアップする。	・いろいろなテーマの設定が考えられるが、クラスの実態に応じて考えておく。たとえば、「クラスのみんなで行きたいところはどこか?」「いじめをなくす方法は?」など。 ・どんな意見でも、たくさん出るほうがよいことを知らせる。 ・重要な問題をとり上げるときは、ブレーンストーミングしたものを、一度まとめてから考えさせるため、2時間（45分×2）扱いとしてもよい。
10分	②リストアップした解決方法を、プリントに書き込む。その解決方法の中で自分が適切だと思うものから順位づけをおこない、その理由も考える。	・個人で考えさせる。
15分	③グループの中で、おたがいの意見を聞きながら、合意をとってグループ内での順位を決定し、プリントに書き込む。	・4～6人のグループをつくる。 ・グループは、前もって決めてもよい。 ・グループの合意を得るときは、じゃんけん、多数決、妥協などで決めないこと。納得がいくまで自説を主張してもよいが、固執はしないことを伝えておく。
10分	④全体でシェアリングする。グループ内での順位を発表する。	・なぜその順位になったのか、その理由も説明するようにさせる。

実践ノート（2年生）

●ブレーンストーミングでアイディアを出しあう

　寒い季節になって牛乳を残す子どもが増えてきたので、「給食を残さずに食べるにはどうしたらよいか」というテーマで、ブレーンストーミングを始めました。給食前に体を動かす、休み時間にいっぱい遊ぶ、準備を早くして食べる時間を長くする、朝ごはんを少なめにする、全部食べた人のカードにシールを貼るなど、16ものアイディアが出ました。

●アイディアの順位づけを話しあう

　まず、黒板に書いたアイディアの1つずつに記号をつけ、どの意見が良いか、№1から№5まで選ばせ、記号を用紙に記入しました。自分1人で決めるのですぐにでき、10以上も順位づけできた子どもも多くいました。

　つぎに、机を向かいあわせて、4人の班にしました。順位を決めるとき、多数決やじゃんけんで決めないことをルールにしました。「3人は同じ意見なんだけど、多数決はだめだから……」と困っている班があり、「なぜそう思うのか理由を言って、相手になるほどと思わせたら？」と言葉をかけました。日ごろ、学級会での決定を多数決にすることが多かったので、話しあって合意を得ることにとまどっているようでした。

　意見がまとまった班から、№1から№3にランキングされたアイディアを発表し、それを板書しました。全部の班が発表し終えました。「給食前に体を動かす」を№1にする班が多かったのですが、「おかわりのじゃんけんをする時間を決める」を選んだ班も、自分たちの意見をきちんと伝えることができました。

　このプログラムを実践した日、3時間目に体育があったり、準備も少し早めに開始したり、じゃんけんの時間も終わりごろに決めたりしたので、給食の残量が減りました。子どもたちは、「今日の給食は好きな献立だったから」と言ってはいましたが、食缶が空になってうれしそうでした。

　1つの方法だけでなく、合意を得たいくつかの方法で問題を解決するという、このプログラムの目標がかなり達成できたようです。

> 低学年で取り組んだので、身近な題材をテーマにしました。
> 高学年では、あらかじめ決めた題材の中から選ぶほうがよいでしょう。例えば、「砂漠に飛行機が不時着したとき、必要なものの順番を決める」などをテーマに話しあわせると、意見が出やすくなります。

08 問題の明確化

目標 いま起こっている問題や悩んでいることが「だれにとっての問題なのか」を明確にし、「感情への対処が必要なのか、ことがらへの対処が必要なのか」を整理する。

方法

・自分の感情に気づく。
・だれの問題かを整理する。
・自分の感情への対処をおこなう。
・相手の問題への対処をおこなう。

用意するもの

・ワーク㉛「感情のワーク」、筆記用具

●感情のワークシート

ワーク㉛

年　組　名前＿＿＿＿＿＿＿＿

できごと	そのときの感情	だれの問題
《例》友だちにムシされた	悲しい	自分・相手
		自分・相手
		自分・相手
		自分・相手
		自分・相手
		自分・相手
		自分・相手
		自分・相手

（サイドタブ：情動対処スキル・ストレス対処スキル／自己認知スキル・他者理解スキル／コミュニケーションスキル・対人関係スキル／意志決定スキル・問題解決スキル／創造的思考スキル・批判的思考スキル）

●学習の流れ（45分）

時間	学習活動	支援のポイント
5分	①ブレーンストーミングで「怒りの体験」について語り合う。	・人物が特定されるような体験は話さないことを約束する。
5分	②各自、怒りの体験をワークに書き、そのときの感情を書く。 《例》 ・友だちにムシされた→悲しい ・ノートに落書きされた→腹が立つ	・感情に良し悪しはないこと、また、感情は変化するので、深く考える必要はないことを伝える。 ・その問題で、だれが困ったのかという視点で考えさせる。
10分	③その怒りが、だれの問題なのかを整理する。 ・ワーク㉛で、だれの問題（自分・相手）なのかを選択する。	・相手が、自分の欲求を満足させられないために問題が起きている場合、これは相手の問題である。 ・相手は自分の欲求を満たし、何も問題を感じていないが、自分にとってはさまたげとなる場合、これは自分の問題である。
20分	④自分の問題なら、感情の対処法をおこなう。 《例》怒りに対する感情を書きかえる。 ・楽しかった思い出や場所、うれしかったときの気持ちを思い出し、頭の中で鮮明にイメージできたとき、身体のどこかに刺激を加える（サイン）。これを何度かくり返す。 ・ワークの中の怒りの体験を1つだけ選び出し、そのときの感情がわいてきたら、先ほどのサインを使う。この一連の動作を何度かくり返す。 ・怒りの感情が消えていることに気づく。	・サインは、耳たぶを強くつまむ、手をにぎりしめるなど、その子に決めさせる。 ・サインを使うと、楽しい気分やうれしい気分がよみがえるくらいまで練習させたい。 ・感情は学習効果であり、経験に付加した感情がリリース（解放）されるため、ネガティブな感情はポジティブな感情で上書きできることに気づかせる。 ・ことがらに対する対処法については、I（わたし）メッセージ（22ページ）を参照する。
5分	⑤相手の問題なら、①No②Go③Tellの方法を用いる。 ①No（いやという）、②Go（その場を立ち去る）、③Tell（相談する・I（わたし）メッセージを使って相手に気持ちを伝える）。	

実践ノート（2年生）

●たくさん出ました。怒りの体験

まずは、怒りの体験を出し合うことからスタートです。

休み時間に、2人の男子が服をぬらして帰ってきたことがあります。1人は、1年生の女の子に水をかけられて袖口がぬれ、もう1人は、自分で水をかけてしまい、上着の下部がぬれていました。まず、この2人がそのことを怒りの体験として発表しました。服がぬれて怒っているという、同じような問題ですが、「だれにとっての問題か」をはっきりさせることができる例といえます。「いい例をありがとう」という気持ちで、並べて板書しました。怒りの体験なのに、話すほうも聞くほうも笑顔でした。さらに、きょうだいとのトラブル、母親から注意されたこと、友だちから言われたことなどを活発に出し合い、黒板に書ききれないほどでした。

●人ごとではありません

つぎに、それらは、「だれにとっての問題か」を考えました。上の2つの例で、前者は相手にとっての問題、後者は自分にとっての問題と納得できました。板書した怒りの体験についても、ひと通り判断してみました。ここで、自分にとっての問題への対処と、相手にとっての問題への対処にちがいがあることを説明しました。相手にとっての問題の対処には、①No、②Go、③Tellの3つがあることを話すと、みんな真剣に聞いていました。

「いじめ」はだれにとっての問題かも考えました。みんなは、「傷つけるようなこという相手の問題だ」と言いました。日ごろから、「いじめる側に、満たされない貧しい心の問題がある」といい続ける担任の思いをくんでくれたのでしょう。それなら、ぜひNo、Go、Tellを使ってほしいと強調しました。

●みんないろいろあるよね

最後に「感情のワーク」の記入です。欄は7つあります。多い子どもは自分で欄を足して8つ、表現のつたない子どもでも1つは書き、平均5.2こ。多くは、きょうだいや友だち、親、高学年の子どもに対してのことがらでした。ゆさぶられてもふまれても、おれることなく、竹のようにしなやかに、高くのびていってほしいと願っています。

09 解決志向アプローチ

目標 1人ひとりが、理想のクラスをつくるための目標（音楽会など、学校行事にむけてのスモールステップの目標でもよい）をもち、目標達成までの具体的な計画が立てられる。

方法

- 1人ひとりが、自分にとっての理想のクラス（学校行事の目標）を思い浮かべる。
- 理想のクラスになった（学校行事が成功した）として、その状況のいろいろな感覚について想像する。
- 体験をクラスでシェアリングする。

用意するもの

B4判の黄・青・ピンク色の用紙各1枚。それぞれの紙に、いまの自分・じゃましているもの・なりたい自分と書いておく。

解決志向アプローチ

解決志向アプローチ（ソリューション・フォーカスト・アプローチ）は、薬物や飲酒などの依存症によって起こる家族間のトラブル、虐待などの重篤な社会問題を扱っているBrief Family Therapy Center（BFTC:米国ミルウォーキー）で、ドゥ・シェイザーやI.K.バーグらが開発した心理療法。

この心理療法の特徴は、問題がどのように形成されたか、また問題自体にはあまり注目を払わずに、ダイレクトに解決の状態をめざすことにある。ブリーフ・セラピー（短期療法：ミルトン・エリクソン医学博士の治療実践に啓発されてつくられた一連の心理療法モデル）の手法として多方面の問題に活用されている。

●学習の流れ（45分）

時間	学習活動	支援のポイント
10分	1 自分にとっての理想のクラスを考える。	・「目標が実現してどんないいことがありましたか?」「何が変わりますか?」と質問する。子どもは想像するだけで答えを口に出さない。 ・「その目標が実現されると、何か困ったことがおきませんか?」困ったことがあるなら、目標を置きかえるようにうながす。（「エコロジーチェック」。）
5分	2 考えた理想のクラスが実現したときの状況を想像する。	・実際に体験したこととイメージしたことは、脳の中では、同様に処理される。スポーツ選手のイメージトレーニングは、具体的にイメージした内容が、実際の場面で実現されるという理論にもとづいている。
15分	3 各自、自分の席の横に「現在」「ハードル」「目標」の用紙を置く。まず「現在」の上に立ち、その位置から目標を達成した自分を見る。つぎに、「ハードル」をとびこえて、「目標」の上に立つ。「目標」の用紙の上から「ハードル」をかえりみる。 目標到達までに、必要なものと妨げになるものを考える。 右欄①②③の質問を考える。その答えは、想像するだけで口に出さない。	・3枚の用紙を配る。 質問（答えは、想像するだけで口に出さない） ①いまのクラスにいる自分の気分を10点満点で表すと何点ですか? ②これから、ちょっとかわった質問をします。今夜、皆さんが眠っている間に奇跡が起きて、いまのクラスが理想のクラスにかわったとします。でも、あなたは奇跡が起きたことをまったく知りません。明日学校に行ったとき、あなたはどんなちがいから、理想のクラスになったと気がつきますか? ③いま自分が考えた理想のクラスにいると想像してください。 何が見えますか? 何が聞こえますか? 自分のからだの感じはどうですか? 暑いとか寒いとか、気分がいいとか、からだのようすを感じてみましょう。 ④理想のクラスにいる自分の気分は、10点満点で何点ですか?
15分	4 全体で感想をシェアリングする。	・理想の位置から現在をふり返ったとき、横たわっているハードルがよく見える。 （現在から過去をふり返ったときに、そのとき必要だったものや助け、また、そのときに気づかなかったハードルが明らかにわかるように）

実践ノート（1年生）

●お昼寝中みたい？　イメージ誘導

　このプログラムは、理想のクラスを目標にしていますが、プログラム06の「なりたいわたし、なれるわたし」（133ページ）を学習したあとだったので、「なりたい自分」を目標にしました。

　もう2度目なので、細く息をはき、目をとじて、机にふせるなどして、すぐにイメージづくりに入ります。

　野球やサッカーなど、スポーツでのイメージトレーニングの効果を伝え、「はっきりイメージすると、思いが実現しやすくなる」ということを話しました。

●じゃまものは、何？

　上ぐつをぬいで、黄色の用紙の上に立ちます。「ピンク色の用紙を見てください。黄色のいまから見て、ピンク色のなりたい自分を見たとき、なりたい自分になれない理由はなんでしょう。それが、じゃましているものです。つぎに、飛びこえてピンク色の用紙の上に立ってください。なりたい自分になりました。ふり返って、黄色の用紙の上に立っていた、もとの自分を見てください」ここで、子どもたちは、しっかりイメージすることに専念します。

　どんなことをイメージしていたか、それぞれの用紙に書けるだけ書いてみました。ある男子は、「おこられていない自分」をなりたい自分としてイメージし、じゃまするものに「パソコン禁止と、うそつき」と書いています。パソコンが得意なその子どもは、パソコンがしかられる原因だと判断しました。「ごはんをはやくたべる」をなりたい自分としてイメージした女子は、「テレビと目」をじゃまするものと判断しました。テレビと目が、食べるのをじゃましていることを自覚しました。

　このように、体を使い、空間を感じてイメージすると、ハードルがはっきりします。意識化することで認識し、現状をかえる手助けになります。まず、気づくことがたいせつです。

　なりたいイメージがはっきりしていて自分のすべきことが認識できると、問題解決に歩み出すことができます。わかりきったことでも、まわりからお説教されると、やる気を失うというのはよくあることです。

> この手法は、当初アメリカでアルコール依存症のために施された心理療法の一種です。わかってはいるけど止められない人を変えるための有効な手法です。

⑩ フェアリーブレインとなかよく

目標 脳の構造を知り、自分の体の感覚（脳幹の感覚）をつかむことのたいせつさに気づく。

方法

・災害時などに、信じられないような力が出た話を知る。
・脳の構造について知る。
・自分の体の感覚をつかむ。
（音楽を聞いているとき、快い体験や不快な体験をしているときの体の感覚など）

用意するもの

音楽（クラッシック、ポピュラーなどから曲想が異なるものをCDや生演奏で数曲）
丸い紙を1人3枚（直径25cmの円盤。また、ひもや針金で円をつくってもよい）

■共通の感情をもった体験と、その時の体感覚（学習の流れ③-③・④参照）

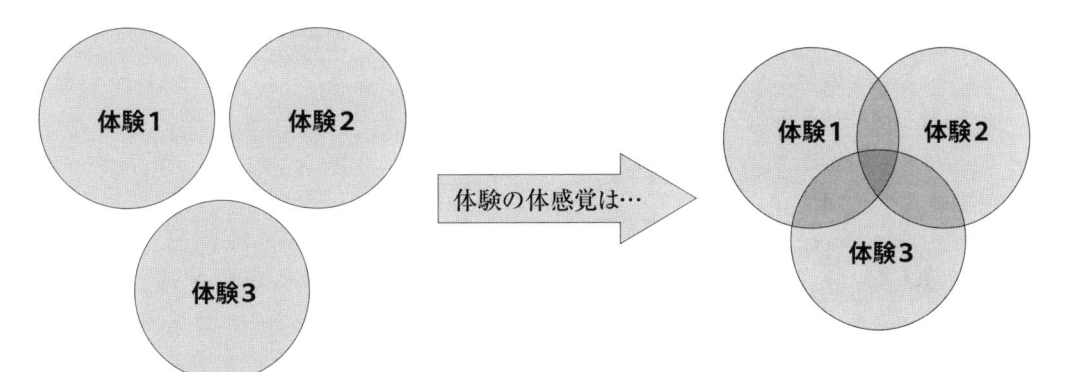

体験1　体験2　体験3　→　体験の体感覚は…　体験1　体験2　体験3

■脳の構造

脳は、大脳新皮質・旧皮質（大脳辺縁系）・脳幹の3層に分かれており、それぞれ、理性・感情・欲望（本能）の役割を司っている。
脳幹は生物進化の過程としてはもっとも古い脳で「爬虫類の脳」と言われる。生命誕生からの叡智が潜んでいる脳ということで、「フェアリーブレイン（妖精脳）」とも呼ばれる。

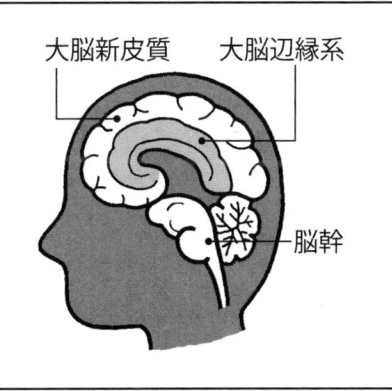

大脳新皮質　大脳辺縁系　脳幹

情動対処スキル・ストレス対処スキル
自己認知スキル・他者理解スキル
コミュニケーションスキル・対人関係スキル
意志決定スキル・問題解決スキル
創造的思考スキル・批判的思考スキル

●学習の流れ (45分)

時間	学習活動	支援のポイント
5分	①信じられない力が出た体験を話したり聞いたりする。	・ふだんは考えられない力が、震災の時などに発揮された話をする。(脳幹の力)
5分	②人間の脳について知る。	・「脳の構造」(左ページ下)参照。
7分	③脳幹の感覚をつかむ。 ①聴覚 　音楽を聞いて起こってくる体の感覚に名前をつける。	・支援者が選曲する。(数曲) ・「ワクワク」「ウキウキ」「犬」「光」など浮かんでくるイメージを言葉で表現する。
7分	②視覚 　うまくいった体験を3つ選び出す。それぞれの体験をそれぞれの色に置きかえる。→3つの体験に共通の色がパッとうかび上がる。	・大好きなことを3つ選んでもよい。 ・目をとじて、3つのフィールドを使っておこなう。 ・1つ目のフィールド(円い紙)の上に乗って色を感じる。2つ目、3つ目と移動する。そして真ん中に入ったときの色を感じる。
7分	③体感覚A 　嫌な(ノー)体験を3つ選び出す。それぞれの体験をイメージして、そのときの体の感覚を味わう。3つの体験の共通の体の感覚をさぐる。→体験をイメージしたとき、共通の体の感覚が生じることを確認する。	・「肩に力が入る」「胃が痛くなる」など。
7分	④体感覚B 　うまくいった(イエス)体験を3つ選び出し、③と同様の共通の体の感覚をさぐる。	・大好きなことでもよい。 ・②とおなじ体験でもよい。 ・「ウキウキする」「フワフワする」「やわらかくなる」「胸が温かくなる」など ・イエス、またはノーの感覚のどちらかをしっかりおぼえるとよいということを知らせる。 ・体の感覚は正直であることを知らせる。
7分	④全体でシェアリングする。	

実践ノート（2年生）

●信じられない力は脳幹の力

「地震のとき、倒れたタンスを起こすことができたり、火事のとき、重い家具を運び出すことができたりすることがあります。このように、生きるか死ぬかというときに思わぬ力が出るのは、脳のはたらきです」と話してから、脳の構造図を描いて、脳幹・大脳辺縁系・大脳新皮質について、簡単に説明しました。そして、自分の体がどんなふうに感じるか試してみようと問いかけました。

●体の感じを知る

まずは、音楽を聞いて起きてくる体の感覚を知ることからスタートです。小学2年生の鑑賞用CDの中の曲をかけました。「歩きたくなる感じ」「ゆったりした感じ」などの感想が出されました。

つぎは、用紙に印刷した直径10cmほどの円を3つ切りとらせ、それぞれに大好きなことを書かせました。「プールで泳いでいるとき」「バトミントンをしているとき」「友だち」など。そして、その1つの円に手を置いて、「目をとじて見ると、何色に見えますか？」とたずねると、「黄色」「白」などと口々に答えます。3枚重ねたら、「紫」「黄色」と答えていました。

それから、いやなことを思い出したときは、「体が熱くなる」「カチンコチンになる」と発言した子どもたちは、先ほどの大好きなことを思いうかべたときは、「スーッとなる」「ねむたくなる」などと感じていました。

最後に、体は正直だから、どんなふうに感じたときが楽しいときかを知っておくとよいと伝えました。

「はじめて知ったことばかりだった」「スーッとした気分になった」というのが授業を終えての、子どもたちの感想でした。

体験を色に置きかえることは、子どもたちにとってむずかしいのではないかと思っていましたが、抵抗なく色を感じることができたようです。

⑪ 3つの立場

目標　自分の身にさまざまな問題が起こったとき、その問題を　①自分の立場、②相手の立場、③傍観者の立場の3つの視点から見つめ、自分の力で解決させるための方法を学ぶ。

方法

1. いすを3脚用意する（座布団でもよい）。
   それぞれを自分のいす・相手のいす・傍観者のいすとする。
2. 繰り返し起こる問題な場面を選ぶ（相手のある、困った場面を想定する。いつもケンカしてしまうなど）。
3. 自分のいすにすわり、問題の場面を再現し、初めから起ったことをそのまま自分の目を通して観察する(授業としておこなうときは、代表者が前に出てきて演じてもよい)。そして、何を見、何を聞き、何を感じたかに注意を払う。言いたいことができたら、相手のいすに向かって話しかける。
4. 言いたいことが言えたと思ったら、同じ場面を相手の視点からながめる。時間をかけてもよいから、相手になりきる。
   3で話しかけた相手に注意を向け、姿勢・表情・動き・息づかいなどに注意を払い、目の前にいる相手を想像し、それができたら相手のいすに座る。
   相手の立場で問題場面を再体験する。今まで気がつかなかった、相手の感情の動きや、相手の立場で見聞きした自分のふるまいに対して、気づくことなどを考える。自分に言いたいことが生じたら伝える(このとき補助自我として、教師が自分のいすにすわり、方法3の中で、自分のいすにすわって発言した言葉をそのまま、相手に向かってくり返すと、問題が明確化される手立てとなる)。
5. 自分のいす(自分になる)、相手のいす(相手になる)を交互に移動しながら、対話を試みる。
6. 最後に傍観者のいすにすわる（自分と相手の双方のいすが見えるところにいすを置いておく）。傍観者から見たその状況はどのように映るか、また、自分と相手のやりとりで気づくことなどを考える。考えが浮かんだら、その相手に向かって発言する。

用意するもの

いす3脚

実践ノート（4年生）

●保健室で個別に対応

　友だちとトラブルを起こして教室を飛び出した女の子がいたので、何があったのか、保健室で事情を聞きました。これまでも何度かトラブルがあり、そのつど話をしてきましたが、「わたしばかりが悪者にされる」「話しかけても、知らん顔される」と、被害者意識が高まっているように思われます。そこで、相手の立場に立って考えることができるようにと、このプログラムを実践しました。

●すわる場所をかえて、立場をかえる

　まず、すわっていた場所(自分のいす)で、「勝手に消しゴムをつかわれた」「話しかけているのに、返事をしてくれない」など、相手からされたことを十分に話させました。つぎに、隣のいす（相手のいす）にすわらせ、自分が相手にしたことを聞き出しました。「いやな言葉を使ったことがある」「勝手にえんぴつを使ったことがある」……と、率直にふり返りました。

　そして、わだかまりが強く残っている「赤いペンで書いた手紙を（相手に）わたしたこと」について考えることにしました。まず、自分のいすにすわらせて、なぜ赤ペンで手紙を書いたのか、その理由を思い出すことができるようにしました。そして、相手のいすにすわらせて、その手紙をもらったときの相手の気持ちを考えさせました。

　以前、その友だちと話しあいをさせたときには、自分の気持ちを相手にわかってもらおうと感情的になっていましたが、今回は、「赤字は絶交を意味するから、こんな手紙をもらうといやな気持ちになる」と、相手の思いを落ち着いて言葉にしました。

　本来なら、傍観者の立場でその状況を考えるところでしたが、今回は、「友だちとの関係は、細くて長い糸で結ばれるから切れることもある。だけど、細くて長いから結び直しやすい。それを繰り返すことによって太い糸にしていくの。また、けんかになるかもしれないけれど、何度でも結び直して強い絆にしたらいいの」と話しました。納得できたのか、そこには、彼女のすっきりした顔がありました。

●大切なライフスキルの1つ

　相手の立場になるということは、独りよがりになることを防ぎ、傍観者の立場になることは第三者の視点を自分の中に育てます。また自分の立場に立てない人(例えば、人の期待に応えることばかりを考えている人や、虐待を受けて育ち、情緒が不安定な人など)は、常に傍観者の立場でものを見ることになり、生きている実感を失ってしまいかねません。だからこそ、この3つの立場に視点を変更できるスキルがたいせつになります。

第5章

創造的思考スキル・批判的思考スキル

　創造的思考が身につくと、意志の決定や問題を解決をするときの選択肢を増やします。一方、情報をそのままうけとることなく、その真偽を自分の頭で考えることができるのが批判的思考です。批判的思考が身につくと、問題を回避することができます。この編では、これらの2つの思考を高めるスキルを紹介します。

01 みんなでつくろう「クラス目標」

目標 1人ひとりが「こんなクラスにしたい」というアイディアを出しあってクラス目標を決める。

方法
・どんなクラスにしたいか、1人ひとりが考える。
・それぞれのアイディアを自由に出し、意見を交わす。
・クラスの目標をみんなで決める。

用意するもの
白紙のカードまたはふせん紙（1人10枚）、のり、模造紙（各グループ1枚）、筆記用具

■みんなでつくろう「クラス目標」

外で遊ぶ　助けあう　元気なクラス　仲の良い　やさしい　えがおがいっぱい

●学習の流れ（45分）

時間	学習活動	支援のポイント
5分	1 テーマを知る。 「どんなクラスにしたいですか?」	・テーマを提示する。 ・クラス目標をブレーンストーミングで決めることを伝える。 ・自由な発想で、できるだけたくさんのアイディアを出すようにさせる。 ・どんな意見も尊重することを伝えておく。
10分	2 白紙のカードに、各自がアイディアを記入する。	・6人ずつのグループをつくり、白紙のカードを1人10枚ずつ配布する。 ・1枚のカードに、1項目だけ書くように伝える。 ・カードの記入時間は、5分間程度とする。
20分	3 カードを分類（グルーピング）し、模造紙に貼り、表題をつける。 4 グルーピングの関係を図示する。 5 各グループで、どんなクラス目標にしたいかを考える。 6 各グループで決めたクラス目標を発表する。	・各グループで活動させる。 ・分類できないカードも保管する。 ・新聞の小見出しの要領でさせる。 ・3〜5に分類させる。 ・対立、相関、順列などを考えて図示させる。 ・各グループからの報告を聞くとき、発言者に対して評価や反論をしないようにさせる。
10分	7 全体でシェアリングする。 　クラスの目標を全体で考える。	・1つのグループの考えた目標を選択するのではなく、クラス全体でまとめるようにさせる。

情動対処スキル・ストレス対処スキル

自己認知スキル・他者理解スキル

コミュニケーションスキル・対人関係スキル

意志決定スキル・問題解決スキル

創造的思考スキル・批判的思考スキル

実践ノート（3年生）

●1人ひとりが主役になるクラスを

　毎年新学期になったら、子どもたちといっしょに「クラス目標」をつくります。それは、子どもたちが1年間を過ごす教室で、1人ひとり全員が主役として、積極的にクラスづくりにかかわってほしいと願うからです。

　クラスづくりの方法は、まず、子どもたち1人ひとりが、わたしが目指すクラス像「こんなクラスをつくりたい」を自分の言葉で短冊に書き表すことからスタートします。

　つぎに、子どもたちが書いた目標を分類したり、まとめたりしながら、全員の目標としてつくり上げていきます。下にあげたものは、3年1組41名の目標です。

■クラス目標の記入例

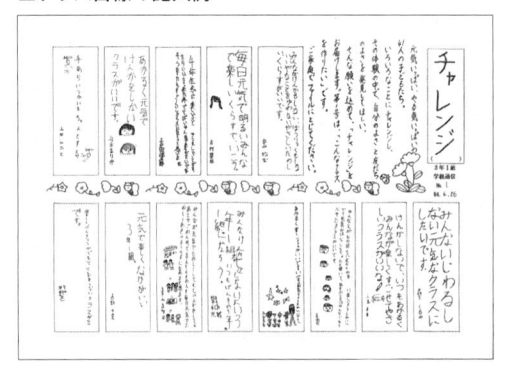

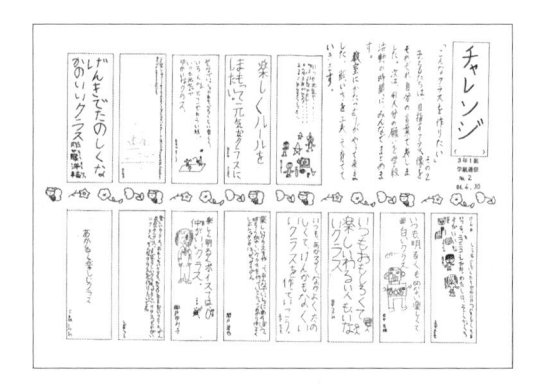

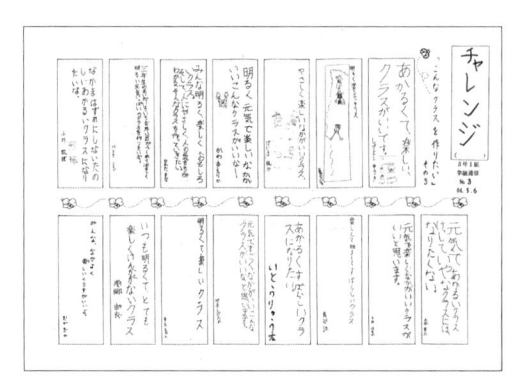

02 イメージトレーニング

目標 ポジティブ（積極的）にイメージしたことを実体験する（体育の授業など）ことで、ポジティブなイメージがもたらす効果を知る。

方法

- イメージのパワーを体験する。
- 速く走っている人を観察し、観察したモデルを自分に置きかえ、観察したシーンをイメージで再現する。
- イメージで再現したのち、実際に体験する。

用意するもの

ストップウォッチ、メジャー、ライン引き、笛

■イメージのパワー体験・イメージトレーニングの方法

体の動き
① 足は肩幅に開いて立ちます。
② 右手をまっすぐ肩の高さまで上げ、その手の先を見ます（手の平は床に対して平行に）。
右手をこれ以上は回らないというところまで、ぐるっと後ろに回し、その手の先の景色（見える物）を覚えます（開いた足は、そのままで動かさない）。
③ 手を元にもどし、下ろします。

④ ①〜③の体の動きをもう1度くり返します。
では、イメージトレーニングをします。
⑤ 目をとじて、ゆっくりと呼吸をおこないます。まずはリラックス。右脳にはたらきかけるように大きく息を吸い、長くゆっくりはきましょう。

ネガティブなイメージ
⑥ 自分が硬い釘になったイメージで、先ほどの体の動きをしてみましょう。実際に動かすのではなくイメージの中だけでおこないます。イメージの中で自分の右手を上げ、後ろへ回しているところをイメージします。体が硬くて右手が少ししか回らないようなイメージができます。手をゆっくりもどし、下ろしましょう。
⑦ おなじく、自分のペースで3回イメージトレーニングをします。
⑧ 硬い釘になったイメージで、実際に右手を回してみましょう。

ポジティブなイメージ
⑨ 自分が体の柔らかいタコになったイメージで、先ほどの体の動きをイメージの中だけでおこなってみましょう。体が軽く感じ、腰も肩もとっても柔らかくなり、こんなに回るの？とびっくりするぐらい回っている姿をイメージの中で感じてください。手をゆっくりもどし、下ろしましょう。
⑩ 同じく、自分のペースで3回イメージトレーニングをします。
⑪ 柔らかいタコになったイメージで、実際に右手を回してみましょう。

●学習の流れ (45分)

時間	学習活動	支援のポイント
10分	1 2人1組になり、8秒間走をする。	・8秒間走をし、そのときの記録をペアの相手が走者に知らせるよう伝える。 ・学年やクラスに応じて距離を30〜50mに調整する。
5分	2 イメージのパワーを体験する。 ・ネガティブなイメージ、ポジティブなイメージのそれぞれがもたらす効果にポイントを当て、ふり返りをする。	・「イメージのパワー体験・イメージトレーニングの方法」を参照。 ・筋肉は、ストレスに対して弱く反応する。 ・ネガティブなイメージは、筋肉に対するストレスであることを知らせる。 ・脳はイメージしたことも、体験したことも同じパワーをうけとることを知らせる。
5分	3 速く走っている理想の人＝モデルを観察する。	・フォームの美しい子どもを選ぶほうがよい。支援者でもよい。
5分	4 モデルを自分に置きかえ、観察したシーンをイメージで再現する。	・分離体験をする。速く走っている人を自分に置きかえ、観察したままイメージさせる。 ・走る前の気持ち、走っているときの気持ち、走った後の気持ちをイメージで感じる。
5分	5 イメージによる実体験をする。 　体験している実感が湧くまで続ける。	・ももを上げ、腕をふっている感覚、風を切って走る感覚、聞こえてくる音などをイメージする。そのとき、自分のすがたは見えないことを伝える。
10分	6 実体験をする。	・1 と同じ方法で走る。
5分	7 実体験をした感想をシェアリングする。	

実践ノート（2年生）

●おもしろそう！

　秋の体力測定が終わって、このプログラムを実施しました。30ｍからゴールまで、1ｍずつ横に白線を引きました。10ｍごとに30、40、50とラインカーで引き、その間は、2、3、4、……9とわかりやすく書きました。子どもたちは、何が始まるのか興味津々です。代わるがわるやってきては、うれしそうに話しかけます。「8秒間でどれだけ走れるかチャレンジする」ということは朝の会で知っているのに、待ち遠しそうに来ては注意されてもどって行きます。

●気分は、プロのスポーツ選手

　出席番号順に走りました。スタート地点に担任がいて、「ゴー」を出し、8秒で笛を吹きます。1回目は、やり方を説明してすぐに実施しました。記録は、子どもたちが記入しました。まだ、なれていなかったせいか、多めに測っていたように思えました。2回目は、イメージトレーニングをしてから実施しました。スポーツ選手のイメージトレーニングについて話し、まずクラスで1番速く走れると定評のある子どもが50ｍを2回走りました。その後、目をとじさせて、自分が最も速く走るすがたを、ビデオを見るように目の裏側でイメージするようにうながしました。校庭のまん中に集まって、体育座りで顔をふせてじっとしているという、めずらしい光景です。結果が楽しみです。

●イメージ力で成功を引き寄せて

　1回目の平均は、40.1ｍ。2回目の平均は、42.6ｍで成功しました。しかし、33人中記録をのばしたのは17人と半数ほどだったので、手応えという点では厳しいものがありました。のびなかった理由として、①測り方が正しかったかどうかという点、②十分にイメージができたかどうかという点です。

　イメージは、はっきり、くっきり、明確に見るように画像化し、速く走るのだと確信することがたいせつです。

　何事でも、ただ漫然とイメージするのではなく、こうしたいという思いを強くもってほしいと伝えました。小さな夢を描くことが、大きな夢をつかむ手がかりになると考えます。

03 右脳・左脳のバランス回復

目標 右脳と左脳のちがいを知り、右脳と左脳がバランスよくはたらくようなゲームを楽しむ。

方法

- 両手をばらばらに動かすゲームをする。
- 焦点づけをしないで見るゲームをする。
- 右脳と左脳のはたらきを知る。
- クロス・パターンニング（「ストレスがなければべんきょうはかんたん」（ゴードン・ストークス著、フォンス・アモーリス）をする。

用意するもの

15cm×15cmの色紙（青色・黄色）各2枚、3Dの絵（インターネット上で入手したり、書店や100円ショップなどで買うことができる）

クロス・パターンニング

自己健康運動の先駆者であるゴードン・ストークスが提唱した。左脳と右脳がいっしょにはたらくようになる足ふみ運動。
① 右ひじと左ひざが、左ひじと右ひざがつくもも上げを9回する。
② 右ひじと右ひざが、左ひじと左ひざがつくもも上げを9回する。
③ ①②を、交互に9回以上くり返す。
④ ①をして終わる。

右脳と左脳

右脳：大脳の右半球のこと。図形・絵画・器楽音・直感に関する中枢がある。
左脳：大脳の左半球のこと。言語や計算など、論理的思考に関する中枢がある。
体の左側を右脳が、体の右側を左脳がコントロールしている。

●学習の流れ (45分)

時間	学習活動	支援のポイント
5分	①自分の左右の手をばらばらに動かす。 　1人じゃんけんをする。まず左手が勝ち続けるよう繰り返し、つぎは右手が勝つように繰り返す。 　右手を2拍子、左手を3拍子で指揮するなど。	・両手とも同じ動きから始めて、左右の動きをかえていくとよい。
20分	②焦点づけをしないで見る。 ①青、黄2枚の色紙を、5cm離して平行に置く。 ②2枚の色紙の間を、ただぼんやりとながめる。 ③2枚の色の補色が見えてくる。 ④1m以上離れたもの、例えば柱や掲示物（Aとする）をしっかり見る。 ⑤焦点をAに合わせたままで、視界をさえぎるように、人指し指を立てて差し込む。 ⑥焦点をAに合わせたまま、同時に人指し指を意識して、人指し指が2本にだぶって見えることを確認する。 ⑦Aと指を重ねると、指がすけてAが見えること確認する。 ⑧⑦までの作業はわすれて、目の前にパッと人差し指を立て、すぐにそれが2本に見えるように練習する。 ⑨3Dの絵を見る。	・焦点づけしないというのは、右目は右目で、左目は左目でものを見ることになる。
5分	③右脳と左脳のちがいを知る。	・繰り返して練習すればできるようになることを知らせる。 ・左脳は言語・計算・論理的思考を、右脳はイメージ・直感・創造的分野をつかさどること、大きくなるにつれて左脳を使うことが多くなることを知らせる。
10分	④クロス・パターンニングをする。	・音楽を聞きながら楽しくするとよい。
5分	⑤全体でシェアリングする。	

実践ノート（1年生）

●右手と左手、ばらばらな動きできるかな？

　1年生での実践です。「さあ、こんなのできるかな？」とやってみせると、すぐにのってきました。「1人じゃんけん」は、ゆっくり時間をかけるとほとんどの子どもができるようになりますが、右手2拍子、左手3拍子はなかなかできません。右手と左手をかえると、さらにわからなくなります。この時間だけで習得するのは無理ですが、このような複雑な動作が、左右のバランス回復にとってたいせつなことです。動機づけとしてはよかったと思います。

....

●焦点づけをしないで見る

　低学年では、焦点づけをしない見方を教えるのはむずかしいことです。2、3回とやるうちに要領を得るようになりますが、もう少し高い学年でとりあつかうほうがよいと思われます。3Dの絵は、新聞にのっていたものを、班で1枚ずつ見ました。興味をもって取り組んではいましたが、「見えた」といった子どもは班に1人ほどでした。十分な時間があたえられなかったこともありますが……。

....

●右脳と左脳のちがいを知る

　左脳は右手・右足をつかさどり、言語や文字などの情報を処理するときに、右脳は左手・左足をつかさどり、イメージをうかべるときにはたらきます。「みんなは、いまは左脳をよく使っていますが、2つの脳を両方うまく使うことがたいせつです。そのために、いろいろなトレーニング法があります」と教えました。

....

●クロス・パターンニングをする

　これまでにも、おりにふれ、朝の会で音楽をかけてやっていました。初めは、クロスしてタッチするのができにくい子どもが多かったのですが、繰り返して実践することで、徐々にできる子どもが増えてきました。このプログラムは、トレーニングの理論を教えるうえでたいせつな授業です。しかし、それを続けていくことのほうが、よりたいせつだと感じました。

....

04 Dreams come true

目標
- イメージとからだとの関係を知り、肯定的に物事を考えられるようにする。
- 夢を描き、実現しようとする意欲を育てる。

方法

【第1校時】
- イメージとからだとの関係について体感する。
- 否定文を肯定文にかえる。

【第2校時】
- 夢を「未来ノート」に具体的に描く。
- 夢を宣言する。

用意するもの

ワーク㉜「プラスイメージに変えよう！」（167ページ）
ワーク㉝「未来ノート」（168ページ）
ＢＧＭ（ヒーリング音楽）

自己実現に関する名言集

【心理学者　マクスウェル・マルツ】
　人間の脳は現実の出来事と同じくらい鮮明に描いたイメージと区別できない
　人間は自分自身に対して思い描いたとおりに行動する

【心理学者　ウィリアム・ジェイムス】
　人間はなりたいと思うものになれる性質をもっている

【哲学者　ナポレオン・ヒル『成功哲学』より】
　もし、あなたが負けると「考えるなら」あなたは負ける
　もし、あなたがもうダメと「考えるなら」あなたはダメになる
　もし、あなたが勝ちたいと思う心の片隅で無理だと「考えるなら」あなたは絶対に勝てない
　もし、あなたが失敗すると「考えるなら」あなたは失敗する
　世の中を見てみろ　最後まで成功を願い続けた人だけが成功しているではないか
　すべては「人の心」が決めるのだ
　もし、あなたが「勝てる」と「考えるなら」あなたは勝つ
　「向上したい」「自信を持ちたい」とあなたが願うならあなたはそのとおりの人になる

●学習の流れ（90分）

時間	学習活動	支援のポイント
5分	【第1校時】 ①右脳と左脳のちがいを知る。	・「右脳と左脳」（160ページ参照） ・左脳は言語、計算、論理的思考を、右脳はイメージ、直感、創造的分野をつかさどることを知らせる。
5分	②右脳と身体との関係について知る。	・心理学者マルツ博士の言葉やナポレオン・ヒルの言葉を引用し、心とからだは密接に結びついていることを知らせる。
30分	③イメージのパワーを体験する。 ・呼吸法を用いてからだと脳をリラックスさせる。 ・ネガティブなイメージとポジティブなイメージのそれぞれがもたらす効果を感じとる。 ・静かに目を閉じ、否定語を使った例文を聞いてその場面をイメージする。 《例文》 　森の中に居る自分をイメージしてください。少し歩くと目の前に青い大きな湖が広がっていません。足もとにピンク色のウサギがとびながら近寄って来ません。そのウサギは真っ黒いサングラスをかけていません。ウサギのおしりには長いへびのようなしっぽがついていません。 ④プラスイメージに変える。 ・グループでワーク㉜「プラスイメージに変えよう」を使って、否定文を肯定文に書き変える。	・教室を暗めにしてＢＧＭ（ヒーリング音楽）を流す。 ・静かに目を閉じさせ、リラクゼーションの呼吸（腹式呼吸で大きく吸い込んだ息を細く長くゆっくりと吐く）を3分間おこなわせる。 ・「イメージのパワー」（157ページ）を参照。 ・身体は脳がイメージしたとおりに変化することを体感させる。 ・例文を読みあげる。脳はすべて「○○である」と肯定的にとらえてイメージしてしまうため、「○○でない」と語尾で否定しても、「湖」「ピンク色のウサギ」「黒いサングラス」「長いしっぽ」を描いてしまうことを体感させる。 ・ワークを使って、否定文を肯定文に書きかえさせる。 ・将来の自分をイメージするとき、大切なのは「病気にならない」とか「失敗しない」など否定形でなく「いつも元気である」とか「成功する」など、肯定的にイメージすることであると知らせる。
5分	⑤全体でシェアリングする。	

時間	学習活動	支援のポイント
5分	【第2校時】 ①ブレーンストーミングする。 ・将来の夢やどんな自分になりたいかをグループで出しあう。	・「将来の夢」「どんな自分になりたいか」「これからやってみたいこと」「スポーツでの目標」「学校・勉強・進学・仕事・家族・友だちに関する夢」などについてブレーンストーミングさせる。 ・ブレーンストーミングの前に支援者が自分の夢をポジティブに語るのも子どもに夢をイメージさせるうえで効果がある。
25分	②ワーク㉝「未来ノート」を完成させる。 ・1年後～10年後の自分について書く。 ・「なりたい自分・将来の夢」を書き、それをかなえるために必要なこと、しなければならないことを考えて書く。	・前の授業をふりかえり「自分がイメージしたことが現実になる」ということを再確認したうえでワーク㉝「未来ノート」に書かせる。 ・すべて埋めなくてもよい。1つでも書くことができたらその努力を認める。 ・ワーク㉝の「ゴール」に「なりたい自分・将来の夢」を書かせ、そのためにすべきことをできるだけ具体的に「ホップ・ステップ・ジャンプ」の枠に書かせる。書くことができない子どもには効果的な質問を投げかけることで気づかせる。 《例》（将来の夢）オリンピックに出場する 支援者：オリンピックに出場するためには何が必要かな？ 子ども：いっぱい練習をする 支援者：そうだね。じゃあ、どんな練習をするといいかな？
10分	③コミットメント（宣言）する。 ・グループで自分の夢を宣言する。 （例） 「私の将来の夢は○○です」 「それを実現するために○○をがんばろうと思います」 ・応援のメッセージを書く。	・宣言が終わったら「できるよ」「絶対大丈夫」など応援のメッセージをグループごとに「未来ノート」に書き込ませる。
5分	④全体でシェアリングする。	

実践ノート（中学3年生）

●夢をもてない子どもたち

　小学生と中学生の生活実態調査で「あなたには夢がありますか？」という質問をしました（平成19・20年度）。その結果「はい（夢がある）」と答えた小学生は76.8％、中学1年生は59.8％、中学2年生は49.7％、中学3年生は51.2％という結果でした。小学生の段階ですでに夢をもたない子どもが20％以上もいること、中学生になると約半数の子どもたちが夢をもっていないということがわかりました。

●中学3年生240人へ聞きました　「あなたは"夢はかなう"と思いますか？」

　中学校からの依頼でゲストティーチャーとして授業をおこないました。授業のはじめにまずこの質問を生徒たちに投げかけてみました。すると、3分の1が「かなうと思う」、3分の1が「かなわない」、残りが「わからない」と答えました。全員で「イメージのパワー」を体験すると、ネガティブイメージとポジティブイメージとではからだの変化に大きなちがいがあることがわかり「うわぁっ」と歓声があがりました。授業終了後に生徒たちが書いたシェアリングカードを読むと「夢を描くことの大切さがわかった」「いつもネガティブな自分を変えたいと思った」「肯定的な言葉を使うようにしたい」「絶対合格！！と信じて受験勉強をがんばる」などの感想がびっしりと書かれていました。

生徒の感想

- 私はマイナス思考です。だからいやなことが起きるのだと知りました。これからはプラス思考でいこうと思います。
- 大事な試合で絶対負けられない時「負けないぞ！」と思うのではなく「勝てる！」「絶対勝つ！」と心に念じようと思う。
- いつもネガティブな僕は、よいイメージを持つことの大切さを知り、前向きになろうと思うことができました。
- プラス思考でいると明るい未来があることを実感した。
- どうせ生きるなら夢や目標をしっかりと持って何ごともプラス思考で生きたいと思う。
- 夢はかなうと本当に思うことができた。これからは成功した自分をイメージしながら夢に向かって頑張っていきたいです。
- 受験生で試験の度に悪いイメージしかわいてこなくて、いつも叱られると思ってました。でも、今日からはプラス思考で「志望校に入る」と強気で考えたいと思います。
- これから受験だけど、「必ず合格する！」とイメージしたい。「絶対合格！！」
- イメージトレーニングをしたとき、最初はあまり後ろに腕が回らなかったけど、イメージした後はすごく後ろまで回ったので驚いた。プラスに考えることが本当に大切なんだとわかった。
- 今日の授業ではイメージすることが自分の夢を叶えることだとわかってこれからはいいイメージを持ちながら生きたいと思った。
- イメージの力はすごい。最初は「うさんくさい」と思ったが、実際にやってみるとすごい身体が回った。心ってすごいです。

ワーク㉜

●プラスイメージに変えよう!!

年　組　名前 _____

ついてない	⇒	①
貧乏にならない	⇒	②
緊張しない	⇒	③
失敗しない	⇒	④
試験におちない	⇒	⑤
走らない	⇒	⑥
わすれない	⇒	⑦
あわてない	⇒	⑧
心配しない	⇒	⑨
病気ではない	⇒	⑩

答え
①ついてる・ラッキー　②お金がある・裕福である　③リラックスする　④成功する
⑤試験に合格する　⑥歩く　⑦覚えている　⑧落ち着く　⑨安心する　⑩健康である・元気である

情動対処スキル・ストレス対処スキル

自己認知スキル・他者理解スキル

コミュニケーションスキル・対人関係スキル

意志決定スキル・問題解決スキル

創造的思考スキル・批判的思考スキル

ワーク㉝

●未来ノート

年　組　名前

未来の自分は何をして、どんな自分になっているでしょう。
未来の自分を「わくわく」しながら予想してみましょう。
《例》5年後（17歳）の私はテニス部で活躍し、全国大会に出場しています。

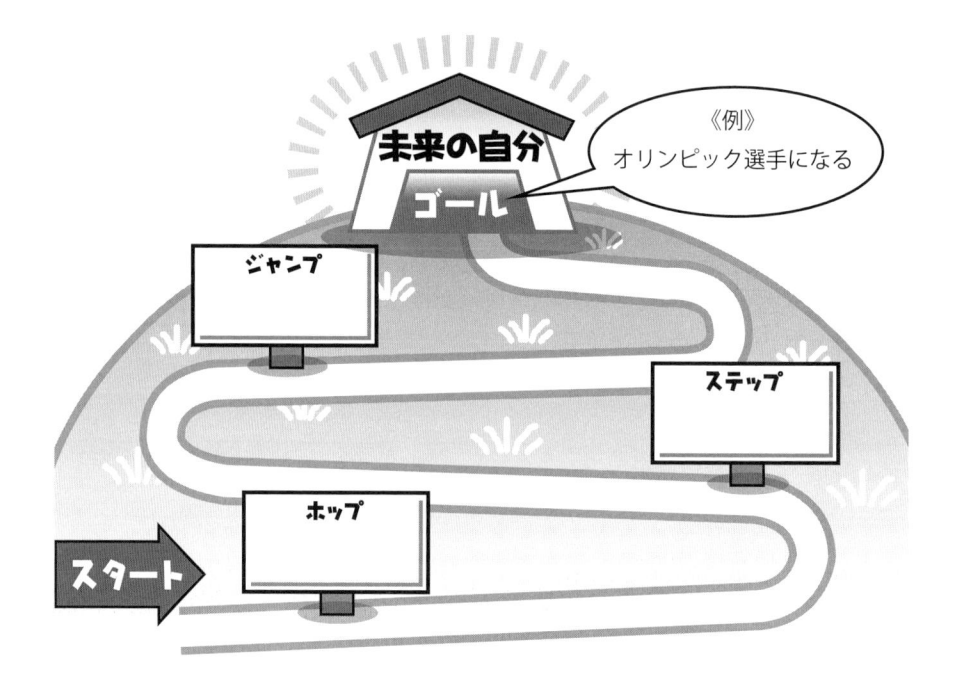

未来の自分
ゴール

《例》オリンピック選手になる

ジャンプ
ステップ
ホップ
スタート

- 1年後（　　歳）の私は
- 2年後（　　歳）の私は
- 3年後（　　歳）の私は
- 4年後（　　歳）の私は
- 5年後（　　歳）の私は
- 6年後（　　歳）の私は
- 7年後（　　歳）の私は
- 8年後（　　歳）の私は
- 9年後（　　歳）の私は
- 10年後（　　歳）の私は

エールをおくろう！

05 未来コラージュ

目標 自分の描いた夢や未来像をより具体的にビジュアル化することで、その実現に向け想いが広がり、行動目標を明確にできるようになる。

方法

「将来の夢」「将来行きたい場所」「憧れの人」「やってみたいこと」など自由にテーマを選択し、実現に結びつくような写真や雑誌の切り抜きなどを、コルクボードや画用紙に貼りつけ、1つひとつに完了形でコメントをつける。

用意するもの

コルクボードもしくは4ツ切り2つぶんの大きさの画用紙
素材となる材料（写真・雑誌の切りぬきなど）
素材を貼る台紙、色画用紙、シール
セロハンテープ、のり、はさみ、コルクボード用ピン、カラーペン

● 学習の流れ（45分）

時間	学習活動	支援のポイント
30分	① ワーク㉝「未来ノート」に描いた自分の夢を読み返し、その夢をイメージできるような素材を雑誌、インターネットなどから探す。 ② 素材を台紙にはる。 ③ 自分の笑顔の写真をコルクボード（画用紙）の真ん中に貼り、その下にテーマを書く。 ④ コルクボードいっぱいに、切りぬいた写真やイラストなどの素材を貼りコメントをつける。	・「未来ノート」（168ページ）の授業の後、このプログラムの予告をしておき、素材を集めておくよう指示する。 ・雑誌の切り抜きなど薄い物は色画用紙などの台紙に貼る。 ・支援者が事前に1人ひとりの写真を撮ってもよい。テーマはわくわくするようなネーミングを提案する。 《例》 　よっしんのラブラブ未来コラージュ 　わくわくハッピーあつこの未来コラージュ ・コメントは「○○しています」「○○になりました」など現在進行形か完了形で書かせる。 《例》 　陸上大会で優勝しました！
15分	⑤ 発表する。	・グループ内で発表、もしくは授業参観を利用して発表会をする。自分の夢をビジュアル化し、まわりの仲間たちにコミットメント（宣言）することで、仲間が夢を応援してくれるサポーターになることをつたえる。

■未来コラージュ　作品例

06 こころの地図

目標 放射思考をするこころの地図づくりを通して、イメージ連想力を高める。

方法

・自分自身のイメージを、自然のものにたとえて自己紹介をする。
・こころの地図をつくる。
・こころの地図をもとに自分を紹介する文を書く。
・シェアリングをする。

用意するもの

B4判の上質紙、色鉛筆、カラーフェルトペン、原稿用紙

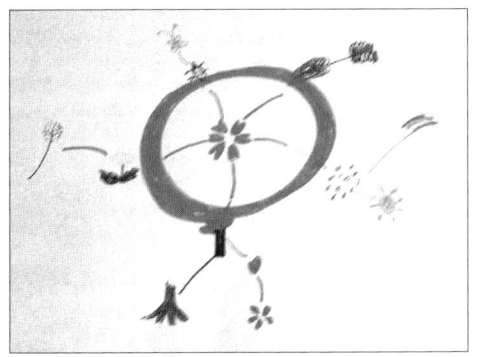

> わたしはさくらです。
> うすピンクがきれいです。さくらは1まい1まい花びらがちります。なぜか、さくらのはなびらはとんがっています。いたくありません。(2年)

■「こころの地図」 作品例（2年）

マインドマップ

　イギリスのトニー・ブザン氏によって開発された思考方法で、放射思考とよばれている。
　1枚の紙の中心に、テーマ（アイディア）を描いて、それに関連する情報やアイディアを放射状に描いていく。左脳と右脳を同時にはたらかせて、ノートをとったりプランを考えたりする方法。
　『人生に奇跡を起こすノート術』（トニー・ブザン著、きこ書房）

●学習の流れ (45分)

時間	学習活動	支援のポイント
5分	①自分自身のイメージを、自然のもの（水・大地・海・風・花・動物・野菜など）にたとえて自己紹介をする。「水にたとえると、私は流れる水です。いろいろな生き物に出会えます」	・4～6人のグループに分かれる。 ・自分のイメージを、短い言葉で表現させる。 ・全員が水にたとえてもいいし、花や動物など、各人が好きなものにたとえさせてもよい。
25分	②「こころの地図」をつくる。 ①自己紹介から連想する色（複数可）で、用紙の中央に「自己イメージ」を描く。 ②中央の「自己イメージ」から、放射状に7～10本の枝を出す。 ③中央の「自己イメージ」から連想するイメージ、または言葉（文章にしないほうがよい）を各枝に1つずつ描く。イラストやシンボルなどで表現できるとよい。 ④各枝をさらに分岐させ、もとの枝に描いたイメージや言葉から連想するイメージを、各枝に1つずつ描く。 ⑤分岐させた各々の枝をさらに分岐させ、おなじように連想イメージを描く。 ⑥可能なかぎり④の作業をくり返す。	・学習課題を求めるウェビング（185ページ参照）とはちがい、イメージを描かせる。 ・行きづまったときは、新しい枝を書き加えたり文字をイメージする絵や色に置きかえたりさせてみるとよい。
10分	③「こころの地図」をもとに、自分を紹介する文を書く。	・「こころの地図」を見ながら、自分のイメージを紹介する文を書かせる。
5分	④全体でシェアリングする。	問題解決スキルとしても活用できる。

実践ノート（2年生）

●自然のものにたとえたら

2年生の子どもたちに、「自分を、自然のものにたとえたら何になるでしょう？」と問いかけました。そして、「先生は月かな」「先生は2年生のほかの先生方となかよしで、力をあわせて仕事をしたり、困ったときは助けてもらったりしています。夜、月は明るく輝いているけど、自分では……」といいかけると、「太陽に照らされているもんな」と、子どもの声。

子どもたちは、B4サイズの用紙に、花、木、流れ星、葉など、自分がイメージしたものを言葉で書き、班ごとに紹介しあいました。

黒板に、「月には、いろんな形があるけど、まん丸かな」といいながら月の絵を描きました。そこから、「好きな色で、枝を5～6本出します」そして、「まん中の月の絵から連想するものを描きます」といいながら、写実的でない、黒くぬっただけの空や、惑星の輪などを描きました。子どもたちは、用紙を裏返して、色えんぴつやカラーペンで、まん中にたとえた言葉のイメージを絵にしました。そして、どんどんイメージをふくらませていきます。1人ひとりが、自分と向きあって集中しているようすです。「もっと描きたい」との要望に、時間を延長して取り組みました。

●イメージしたものを絵で表現、そこから連想

つぎに、仕上がった「こころの地図」を見ながら、自己紹介の文を書きました。「わたしは犬です。とてもかわいい犬です。わたしは犬と遊ぶのが大好きです。とてもなかよしです。すぐに友だちになりました」「ぼくは花です。すごくきれいでチョウチョウがいっぱい集まってきます。オニヤンマやアキアカネが出てきます」。書きなやんでいる子どもには、地図に、どんなものが出てきたかを描くように伝えました。

「おもしろかった」「また、したい」などの感想がありました。1つのものからイメージを広げていくのは、楽しいことです。

07 I am OK !

目標 自分を「しばるもの」は何なのかを知り、それからとき放たれることで、ありのままの自分を認め、たいせつにする気持ち（セルフエスティーム）を育てる。

方法

- ブレーンストーミングで、よく指摘される言葉を出しあう。
- 自分をしばるものを知り、それから自分を解放する言葉を見つける。
- 開放する言葉を他者からかけられることで、自己イメージから自由になる。

用意するもの

ワーク㉞（177ページ）

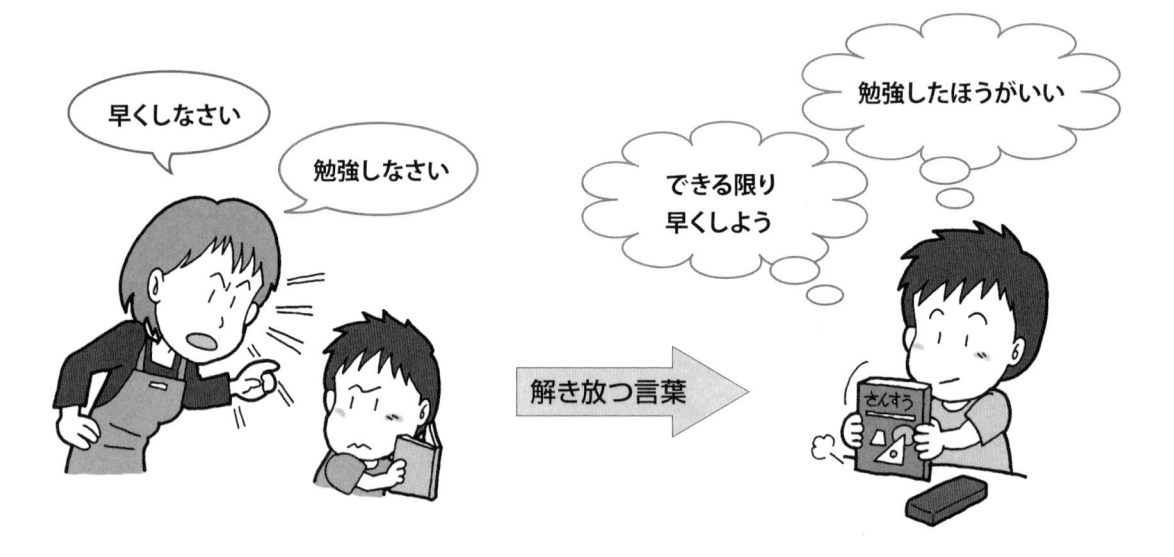

《しばる言葉の例》
　「いい子でなければならない」「いつもがんばらないといけない」「おくれてはいけない」など。

- 解き放つ言葉は「○○してもいいんだよ」と言いかえられることを伝える。
- マイナスの自己イメージが出てきたら「リフレーミング」の手法を使って言いかえをする。

《リフレーミングの例》
　「いいかげん」⇨「物事にこだわらない」
　「わがまま」⇨「自己主張できる」
　「しつこい」⇨「ねばり強い」　など

●**学習の流れ**（45分）

時間	学習活動	支援のポイント
15分	①家族やまわりの人からよく指摘される言葉を、ブレーンストーミングで出しあう。 ②板書された言葉を参考にして、もう1度、日ごろ自分がよく指摘されている言葉について考え、自分が自分に言い聞かせている言葉（しばる言葉）をワーク㉞に書く。 ③自分をしばる言葉から、自分を解き放つ（自由になる）言葉を考え、ワーク㉞に記入する。 《例》 　早くしなさい⇨できる限り早くしよう 　がんばりなさい⇨がんばったほうがいい	・ブレーンストーミングで自由に発言させ、出た意見をすべて板書する。 《例》早くしろ、勉強しろ、がんばれ、しっかりしろ、女らしくしなさいなど。 ・ワーク㉞に記入させる。
10分	④2人組になり、1人はいすにすわり、もう1人が自分をしばる言葉を八方向からいう。 ⑤自分をしばる言葉を指摘される子どもは、どの方向からいわれるのが最もいやな感じだったかを確認する。 ⑥役割を交代して、同じことを繰り返す。	・2人組になり、いすにすわった子ども（A）の前にもう1人の子ども（B）が立ち、八方向（前、ななめ右前、真横、右ななめ後ろ、真後ろ、左ななめ後ろ、左横、左ななめ前）から、A子どもが選んだ「自分をしばる言葉」をB子どもに言わせる。 ・最もいやだった方向がどこだったか決めさせる。 ・AとBの役割を交代させる。
15分	⑦4人組になり、それぞれがおたがいにいやな方向を確認し、その方向から自分を解き放つ言葉として、つぎの言葉をかけあう。 「ありのままの自分でいいんだよ」 「あなたはかけがえのない人だよ」	・1人の子どもがいすにすわり、その子どもの決めた方向から残りの3人が、ゆっくりこころをこめて、解き放つ言葉をかけてあげるように伝える。
5分	⑧気持ちをワークに書く。	・ワークに記入させる。

実践ノート（2年生）

●「早くしなさい」は意外にもなかった

学級通信の名称を、「I am OK. You are OK.」にして5年になります。学級経営において、最もたいせつにしようと思っていることが今回のテーマでした。

まず、人からよく言われる言葉で、ムッとする言葉を出しあいました。親からは、勉強しなさい、食器をかたづけなさい、お風呂に入りなさい、宿題してから遊びなさい、ピアノの練習をしなさいなど、「……しなさい」が圧倒的に多く出されました。そのほか、ばかちん、ばかたれが、おそいなどという言葉も素直に出されました。

●だれもが、つらく感じていることがある

このように、人からよく指摘や注意される言葉をワークに書きました。書けない子はいなくて、きわどい言葉もスッと書きこまれました。つぎに、それを「自分を解放する言葉」に書きかえました。むずかしい場合は、担任が手伝いました。空手を習っている男の子が「弱いな」を書きかえるのに困っていました。そこで、「まだ2年生なんだから弱くてけっこう、これからなんだから。これから強くなるんだから」というと、その子は「これから」と書いてすっきりした顔になりました。

●「みんなちがって、みんないい」は、黄金律

2人組、4人組のエクササイズをするとは、にぎやかで楽しい雰囲気になりました。そして、日ごろ、自分に言い聞かせている言葉を書きました。実は、自分こそが、人から言われた言葉を何度も何度も自分に言い聞かせて悪い魔法をかけているのです。それを解放する言葉が、「ありのままでいいんだよ。あなたは、かけがえのない人だよ」です。学級通信の"I am OK. You are OK."は、ズバリこのことなんだと話しました。ありのままの自分を好きであることが生きる基本で、それができれば、いろいろなことにもがんばれるし、他の人のことも認めて好きになり、満足して幸せになれると伝えました。すると、以前学習した「笑顔のパワー、セロトニン」という声が聞こえてきました。

> いまの気持ちを書く欄には、「わたしは、このまま未来へ進もう」「やっぱりこれでいいんだね。よかった。ずっとこのままがいいな」「いまの自分でいいんだな。こんどからがんばればいいんだな、と思いました」「なき虫とかでも自分は自分でいいんだ」「この勉強をして、自分を傷つけたことを解放できることをみつけたよ。そのおかげで笑顔がもどったよ」「ちょっと心がなおったけど、まだちょっと苦しい」「こうやって、自分の気持ちを勉強しているからよかった」などが寄せられました。

ワーク㉞

●自分をしばる言葉 解放する言葉

年　組　名前 _____

人からよく言われる言葉

**自分に言い聞かせる言葉
（自分をしばる言葉）**

↓

自分を解放する言葉にかえよう。

ありのままの自分でいいんだよ。
あなたはかけがえのない人だよ。

（今の気持ちを書こう）
_____
_____
_____
_____

情動対処スキル・ストレス対処スキル

自己認知スキル・他者理解スキル

コミュニケーションスキル・対人関係スキル

意志決定スキル・問題解決スキル

創造的思考スキル・批判的思考スキル

08 イメージ遊び

目標 あたえられた課題を生かして、グループで協力して表現する。

方法
- スクウィグル（なぐり描き）（下図）をもとに、グループで絵を完成させる。
- 全体でシェアリングする。

用意するもの
課題用紙（スクウィグルを描いたもの）、カラーサインペンのセット（グループで1箱）

■スクウィグルの見本

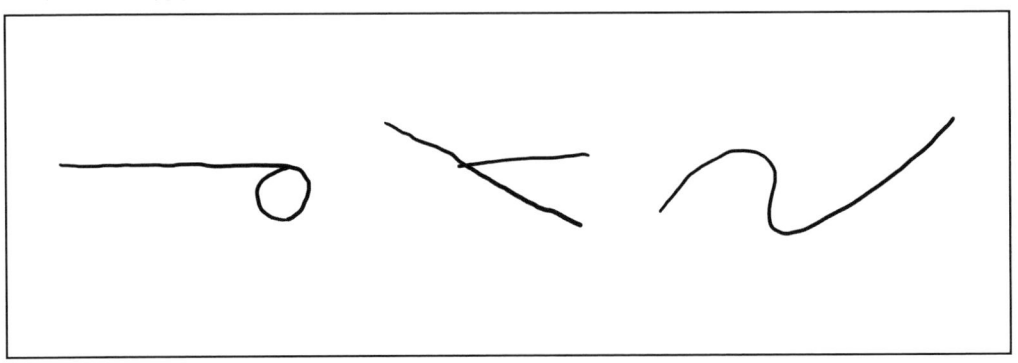

なぐり描き法

〔なぐり描き法〕には、下の2方法がある。
①**スクリブル法**…ナウンバーグが開発した技法で、サインペンで画用紙になぐり描きをしたのち「何か見えてこないかな？」とたずね、描線に投影させて見えたものを完成させる方法。
②**スクウィグル法**…ウィニコットが開発した技法で、上記の方法を、クライアントとセラピストが交代で投影しながらおこなう。つまり、クライアントが描いたなぐり描きにセラピストが投影し、また、セラピストが描いた描線にクライアントが投影する。

●学習の流れ（45分）

時間	学習活動	支援のポイント
5分	①4〜5人のグループに分かれる。 ②見本のスクウィグルを見ながら、作業の説明を聞く。	・スクウィグルとは、「なぐり描き」の意味であることを説明し、課題用紙をもとにしてグループで絵を完成させることを伝える。
20分	③提示された図を見て、イメージしたものをグループで話しあう。 ④グループごとに、絵を描いていく。	・何をどのように描くかを、メンバーで相談させる。 ・15分〜20分で仕上げるように指示する。 ・課題用紙とサインペンを配布する。
10分	⑤グループでシェアリングする。	・シェアリングのポイントを伝える。 ①グループで力をあわせてできたか ②よくできたと思うところはどこか ③どこがむずかしかったか ④描いてみて気がついたことは
10分	⑥クラス全体で、完成した絵を見せあう。	

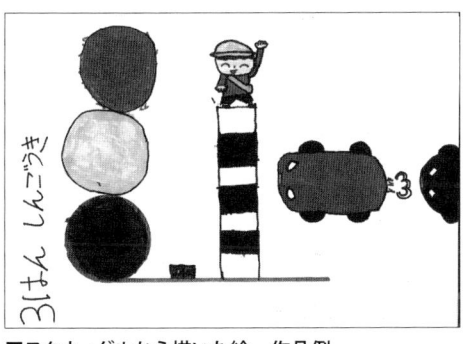

■スクウィグルから描いた絵　作品例

＊この活動の発展として
　5枚の課題用紙を配り、そのなかから何枚かをグループで選ばせる。
　選んだ課題用紙の絵を完成させて、自由にお話をつくらせることもできる。

（縦書き見出し：情動対処スキル・ストレス対処スキル／自己認知スキル・他者理解スキル／コミュニケーションスキル・対人関係スキル／意志決定スキル・問題解決スキル／創造的思考スキル・批判的思考スキル）

実践ノート（5年生）

●スクウィグルへの挑戦

　子どもたちに、スクウィグルを描いた1枚の紙を見せました。「これ、なにー？」「先生が描いたの？」。これから始まる授業への、子どもたちの反応は興味津々です。

　スクウィグルの説明をし、「この図から自由にイメージして絵を完成させる」ことを伝えると、大半の子は「おもしろそう」と、意欲満々。ところが、「なんだかむずかしそう」と、顔をしかめる子もいます。そこで、活動の内容をもう少し具体的に説明するため、「先生といっしょに、このスクウィグルから絵を描いてみましょう。2、3人前に出てきてくれる？」と言うと、すぐに4、5人の子どもが名乗りを上げました。黒板に提示したスクウィグルの図から、担任と、前に出た子どもたちがイメージしたものを「自由に」描き始めました。どんな絵が完成するのか、残った子どもたちはニコニコしながら見つめています。絵が完成すると拍手も。「早くやりたい」という気持ちがクラス中に広がりました。

　グループに分かれての作業が始まると、あっという間に教室は子どもたちの熱気につつまれました。頭をつきあわせての真剣なトーク。そして笑い……。なかなかイメージがまとまらなかったグループも、おたがいに活発に意見を出しあいながら楽しそうに進めていきました。10分間ほど経過すると「できた！見て見て」というグループが出てきました。得意げな顔で、うれしそうに完成した絵を見せにくる姿が印象的です。担任の想像以上に、子どもたちの発想は豊かでした。9つのグループが、それぞれユニークな絵を完成させました。

●このグループが最高

　グループ内でのシェアリングでは、「友だちのアイディアがすごいと思った」「みんなで意見を言いあうのがおもしろかった。うまく意見をまとめることができてよかった」「イメージするまで時間がかかったけど、楽しかった」「4人の力を合わせた絵ができてよかった」など、たくさんの感想が聞かれました。

　最後に、クラス全体で絵を見せあったとき、子どもたちは、おなじスクウィグルからイメージしているにもかかわらず、どのグループもまったくちがう絵が完成したことにおどろきました。そして、「どのグループもおもしろい。でも、自分たちのグループの絵が1番いいなあ」と思ったようです。「また、やりたいなあ」という声がたくさん聞かれたことからも、このプログラムの有効性がうかがえました。

> 実践のあと、「完成した絵を記念にほしい」と、何人もの子どもの希望がありました。

09 プロコン・ディスカッション

目標 設定されたテーマに対して、賛成意見（プロ）・反対意見（コン）・観察の3つの立場に立って、話しあうことができる。

方法

- 対立するテーマを決める
  《例》 大人がいいか　VS　子どもがいいか
  　　　昔がいいか　　VS　今がいいか
  　　　男がいいか　　VS　女がいいか

- クラスを3つのグループ（賛成・反対・観察）に分け、役割の順序を決める。
- 立場を考えて3回ディスカッションし、感想をシェアリングする。

ディベートとのちがいって？

「プロコン・ディスカッション」とは、そのディベート（186ページ参照）で使われる「賛成（プロ）」「反対（コン）」の意味。グループの形態をとるロールプレイの方法で、つぎのように実践される。

プロコンのやり方
①全体を、賛成意見、反対意見、観察の3つのグループに分ける。
②同じテーマについて、それぞれの立場から意見を述べるので、3回のディスカッションをすることになる。

この方法をとると、自分とは異なる意見も発言することになるので、1つのテーマをちがった視点からながめることができ、状況や物事を理解しようとする視野が広くなるという利点がある。また、日ごろは口に出しづらいことや、自信がなくて話せなかったことが、立場を利用して発言することができ、自分の考えがより深まることにつながる。

ディベートのやり方
①1つのテーマについて、相対する2つのグループで議論する。
②人数、進行方法、審査方法などに一定のルールがある。
③議論は断定的でなく、立証されたものでなければならない。
④最後に、何らかの形で判定される。

プロコンは、3つの立場を体験することで、勝ち負けを争うことなく議論し、考えを深めていくのが目的。ディベートは、情報を収集したり、意見を構築したり、討論する力を養うことが目的となる。

●学習の流れ (45分)

時間	学習活動	支援のポイント
10分	1 テーマを聞く。 2 プロ・コン・観察の3つのグループに分かれる。	・あらかじめ、支援者がテーマを用意しておく。 ・各グループをだいたい同じ人数にする（よく発言する子どもがかたまらないように、事前に3つに分けておいてもよい）。
30分	3 テーマにそって話しあいをする。 4 3つのグループの立場を体験する。 ・観察者は、基本的には賛成・反対の意見を聞いているだけであるが、なれてくると、自分の考えと同じほうに移動してもよい。	・ファシリテーターは、支援者がおこなう。 ・1つの役割が10分ほどなので、あらかじめ話しあいの流れを決めておいてもよい。 《例》賛成意見発表→反対意見発表→賛成意見反論→反対意見反論など ・10分交代で3回実践し、それぞれの視点に立った話しあいを体験させる。
5分	5 感想をシェアリングする。	・それぞれの視点に立ったときに感じたこと、気づいたことを、発表させる。また、時間があれば、本来の自分にもどって感じた意見を言わせてもよい。

実践ノート（5年生）

●準備をしよう

「昔より今のほうがいい」というテーマについて、その賛成理由、反対理由を事前に考えてメモをしておくように用意させました。クラスをほぼ同数の3つに分け、図のように席を設定して、話しあいのルールを伝えました。

〈話しあいのルール〉
① 賛成側発表（2分）
② 反対側発表（2分）
③ 作戦タイム（2分）
④ 反対側反論（2分）
⑤ 賛成側反論（2分）

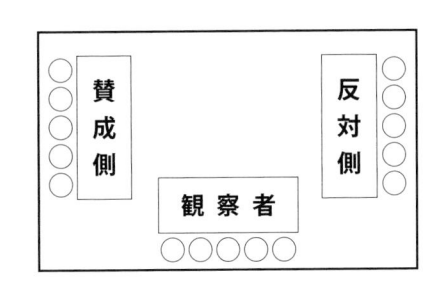

●プロコン・ディスカッションのようす

「わたしたちは、『昔より今のほうがいい』という意見に賛成です。その理由は6つあります。1つめは、……。2つめは、……」。観察者は前に出て、それぞれの意見を聞いて、なるほどと思ったら、立っている場所を賛成側や反対側に移動します。

●子どもたちの感想は複雑

・わたしは反対だったので、賛成側の立場に立ったとき、「賛成の理由を言えるかな」と思いましたが、やってみると、意外に思いついて、これならいけると思いました。観察者のときは、「これはおかしいなと思ったり、うん、納得できるな」と思うこともありました。
・1人ひとりがちがう立場になると、考え方や意見が全然ちがってきました。「昔のほうがいい」という立場に立ったとき、「今のほうがいい」と言う人たちが反対しましたが、「少しそうかもしれないな」と思うこともありました。そして、「今のほうがいい」と言う立場になったとき、そこにすわっているのは当たり前なのに、なんだか「昔のほうがいい」と言うときとまったく感じがちがってびっくりしました。観察者になったときは、「そんな考え方もあるんだなあ」と思いました。
・昔も今も全然ちがうのに、「それぞれ、いいところがあるんだなあ」と思いました。

> 子どもたちは、立場のちがいによって、意見や主張がことなることを学んだようです。

■ライフスキルのキーワード (50音順)

あ行

I am OK. You are OK.　p.31
自分のことも他者のことも存在として尊重し、価値を認める考え方。相手の行動に、うけ入れがたいことや、好きになれないことがあるとしても「あなたであること(存在)は、OK(よい)」という意味。アメリカの精神科医エリック・バーンによって始められた「交流分析」という心理療法の前提となる建設的な対人関係の状態を表す。

I(わたし)メッセージ　p.22・26
相手の言動に対して、自分の思いを伝えるとき、I(わたし)を主語にして話す方法。アイメッセージは好意的な感情を根底にした自己開示をともなうので、相手とのコミュニケーションが深まる。反対に、「あなたは〜してよ」「あなたは〜しなさい」と、あなたを主語にして伝えるのはユー(You)メッセージという。

アグレッシブ　p.34
自己表現には3種類のパターンがあり、そのうちの1つで、攻撃的な自己表現のこと。暴力的に相手を責めたり大声で怒鳴ったりして、相手の言い分や気持ちを無視・軽視し、相手を自分の思い通りに動かそうとする自己主張。反対の概念として、アサーティブ(適切な自己表現)と、ノンアサーティブ(非主張的な自己表現)がある。

アサーション　p.31
3つの自己表現のうち、アサーティブな自己表現をアサーションという。自分の感じていることや気持ち、考えなどについて、自分も相手もともにたいせつに思う関係の中で誠実に素直に伝えていく態度。円滑な対人関係を築くことを目的とし、相手の立場を傷つけたり権利を侵したりせず、しかも自分の意見・感情・権利を抑圧することなく表現する行動。

アサーティブ　p.31・34
自分も相手もたいせつにする自己表現。自分の気持ちや考えを素直、かつ率直に相手に伝えると同時に、相手の言い分も聞こうとする態度。

アンカーリング　p.133
アンカーとは、生理学的な状態(例えば、感情)に結びついて、それを引き起こすきっかけになる刺激のこと。ある感情を呼び起こすための仕草や合い言葉、また映像などの刺激を自分に定着させることをアンカーリングという。心理療法(神経言語プログラミング:NLP)の1つのスキル。

EQ(emotional quotient)　p.7
サロヴェイとメイヤーが「社会生活に必要な知性の部分集合で自分あるいは他者の気持ちや感情を観察・識別し、その情報を使って自分の思考や行動を決定する能力」であると定義した。サロヴェイらは、EQを5つの領域に分類している。
　①自分の中の感情をモニターできる能力
　②感情を適切な状態に制御できる能力
　③自分にやる気を起こさせる能力
　④他者の感情がわかる能力
　⑤人間関係をうまく処理する能力
これからの能力は、共感と自分の感情のコントロールが基礎となる。知能指数(IQ)とは異なる知恵の指数ともいえるもので、教育によって高めることができる。1996年にダニエル・ゴールマンの『EQ——こころの知能指数』が翻訳出版されてベストセラーになり、日本でも広まった。

怒り　p.14・18・22
怒りは自分を守る力であり、行動を起こすエネルギーにもなる。怒りをぶつけることと伝えることはことなる。怒りは、がまんするとたまってしまい、潜在的に有害な影響をおよぼすので、適切に表現することがたいせつである。

意志決定スキル　p.7
ある問題を、判断あるいは解決するとき、自分でよく考え、いろいろなものをよく比べて、最もよい決定を下すことができるスキル。

いじめ
1人以上の子どもが、特定の子どもに繰り返し心理的・肉体的苦痛をもたらす行為。いじめる子といじめられる子が問題の中心だが、はやしたてる子と傍観する子がその周囲に存在し、これらの周囲が間接的にいじめを持続させる原因にもなる。いじめが起きる要因として、人間関係やコミュニケーションスキルの不足が考えられる。

一方通行　p.80
二者間でのやりとりなどが、ある一方からだけなされること。双方通行の対話。

イメージ
脳の中につくり出される映像や状況。視覚心像に限らず、視覚・聴覚・嗅覚・味覚・触覚の五感すべてがイメージに含まれる。

イメージトレーニング　p.157
イメージを思い描くことによって、秘術や戦術を習熟させるトレーニング方法。スポーツ・教育・産業・芸術などのさまざまな分野で、目標達成や能力開発の手段として用いられる。視覚的イメージ以外の感覚を導入することで、より臨場感を高めたトレーニングが可能になる。

ウェビング　p.172
加藤幸次（上智大学）が生活科の展開において提唱し始めた技法。総合的な時間などの学習課題を設定するのに有効な手段。ウェブとはクモの巣の意味で、中心にテーマをおき、クモの巣状に学習課題をはりつけていく手法をとる。

右脳・左脳　p.160
右脳は大脳の右半球のことで、音楽や図形など、言語以外の認識をつかさどると考えられている。また、左脳は大脳の左半球のことで、言語・文字などの情報の処理をつかさどると考えられている。

エコロジーチェック　p.146
環境チェックのこと。目標を設定するときや達成したときに、まわりの環境や他人とのかかわり、また、自分の内面や行動に負担や矛盾が生じないかどうかを確認すること。NLP（神経言語プログラミング）の考え方。

NLP（神経言語プログラミング：Neuro-Linguistic Programming）
1970年代にアメリカのバンドラーとグリンダーによって創始された、心理学と言語学をもとに体系化した人間のコミュニケーションに関する新しい学問。人間の行動は神経と言語によってプログラミングされており、その組み立てなおしができる方法を開発した。

エンカウンター
自由に本音と本音の交流ができる関係。

エンパワーメント
問題解決の方法として、自己の中に力を蓄え、積極的な自分をつくり出し、その力を発揮させること。

オブザーバー
観察者・傍観者のこと。会議などで、特別に出席することを許された人。発言はできるが、議決権や発議権はないとされる。

か行

解決志向アプローチ　p.145
ソリューション・フォーカスト・アプローチ。解決志向アプローチ。問題視することなく、解決に焦点を合わせた治療法。弱さや欠点ではなく、強さとリソース（資質／資源）に、過去ではなく将来に焦点を合わせた回復の計画を確認して実行することを援助する。

カウンセリング
相談活動のことで、言語的、および非言語的コミュニケーションをとおして、人生でだれもが遭遇する問題（人づきあい・進路・家族関係など）の解決を目指す援助的な活動。

カウンセリングマインド
相手の立場になって聞いたり、相手に共感したりするカウンセリングのこころ。相手の気持ちを思いやるこころの形成が重要となる。

聞く・聴く・訊く　p.103
「聞く」は、音や声を耳で感じとること。
「聴く」は、心を落ち着け注意して耳に入れること。
「訊く」は、わからないことを人に質問すること。

クロス・パターニング　p.160
自己健康運動の先駆者であるゴードン・ストークスが提唱した。左脳と右脳がいっしょにはたらくようになる足ふみ運動。
①右ひじと左ひざが、左ひじと右ひざがつくももあげを9回おこなう。
②右ひじと右ひざが、左ひじと左ひざがつくももあげを9回おこなう。
③①②を、交互に9回以上繰り返す。
④①をしておわる。

構成的グループエンカウンター
國分康孝（心理学者）が創始・発展させた、ふれあい体験と自己発見をねらいとした集団体験学習。ここでいう構成的とは、グループのサイズ・構成員・エクササイズ（課題）・順番・時間などの枠を設定し、その範囲内でおたがいに安心して自分の心を開いたり、人の心とふれあうことができるような環境を意味する。

交流分析　p.31
アメリカの精神科医エリック・バーンによって始められた心理療法。人と人との関係性を理解し、対応を考えるのに有効な手段。つぎの4本の柱からなる。
　①構造分析：個人の中で起きていることを理解する方法。
　②やりとり：2人の間に起きていることを理解する方法。
　③ゲーム分析：不快感をもたらす特定の交流の型を理解する方法。
　④脚本分析：個人が推し進めている人生プランを理解する方法。

こころの理論
他者に、こころや感情があると認識する能力。人の気持ちを読む能力、あるいは共感する力ともいえる。

コミュニケーションスキル　p.6
相手の話をよく聞き、自分の思っていることを相手に正しく

伝えることができるスキル。

コンセンサス　p.139
意見の一致や合意。また、共感や賛同。

さ行

サウンドマップ　p.97
耳をすまして聞いた身のまわりの音を、絵や図・言葉で表した、音のイメージ地図。

サブモダリティ（内的意識）チェンジ　p.19
一例として目をとじて、怒りの場面を思い出し、イメージの中で、その場面を小さく・暗く・無彩色にかえることで、怒りの気持ちをしずめることができる。

シェアリング　p.11
シェアは分かちあうという意味。プログラムの実践を通して、感じたり気づいたりしたことを本音で伝えあい、共有すること。

自己認知スキル　p.6
自分の性格、長所、短所、願望、価値観などがわかるスキル。自分自身のことが正しく認識できると、日常の問題場面で現実的な目標が設定でき、ストレスとうまくつきあうことができたり、人とのコミュニケーションがうまくとれるようになる。

情動対処スキル　p.6
喜怒哀楽の感情をコントロールするスキル。感情がどのようにして行動に影響するかを認識すれば、感情に適切に対処することができる。

心理社会的能力
個々人が日常生活で直面する要求や難題に対して、うまく対処するために、適応的・積極的な行動をとることができる能力。

スキル
技術的能力や技能、また、目標達成に必要な反応の仕方のこと。長期間の学習や練習により、その領域に関連するさまざまな知識が集積され、高度に構造化されていくにつれて、正確に素早く遂行する能力が習得される。精神的領域と運動的領域があり、精神的領域としては、暗算、囲碁、将棋、チェス、医学的判断、科学の問題解決、コンピュータプログラミング（認知技能）などが含まれる。運動的領域としては、コンピュータ操作、自動車や自転車の運転、スポーツ、楽器の演奏（知覚・運動能力）などが含まれる。

スクウィグル　p.178
なぐり描き。続けて子どもたちがそのなぐり描きから連想されるものを、クレヨンで線を描き加えて完成させる。なぐり描きと描画を1人で行う方法をスクリブルという。複雑な描画ではないので、絵が下手でも抵抗が少なく、子どもでも取り組みやすい。

ストレス
外的刺激によって生じる、生体の心理的・身体的なゆがみや反応のこと。外的刺激をストレッサー、それに対する心身の緊張をストレス反応と呼び、両者を包括した概念がストレス。

ストレス対処スキル　p.6
外からの刺激に対して、こころとからだに生じるストレスをやわらげ、心身を安定に保つためのスキル。環境やライフスタイルの変更からくるストレスを緩和するリラックス法などがある。

ストローク　p.83
人の存在を認める行為を意味する交流分析の用語。ストロークには、身体的に接触するタッチストロークと表情や仕草、言語による心理的ストロークがある。さらに、それぞれ肯定的ストロークと否定的ストロークに分かれる。

絶対傾聴　p.64
シカゴ大学教授のジェンドリンが提唱するフィードバック技法を用いた、本音の聴き方のコツ。「子どもがその瞬間に感じているままに聴いて、1つひとつに答えること」を基本概念とする。

セルフエスティーム　p.7
自尊感情のこと。健全な自尊心。自己の評価において、自分の価値や能力観をさす。肯定的に評価していれば自尊感情が高く、否定的に評価していれば低いといえる。

創造性開発法
課題解決のための各種情報を組みあわせて、新しい価値を生みだす方法。

創造的思考スキル　p.7
ある問題に直面する場面で、それをうまく解決するためのアイディアや、新しい価値あるものをつくり出すことができるスキル。このスキルを身につけると、意志決定や、問題解決につながる選択肢を広げることができる。

双方通行　p.80
伝達のみの一方通行に対して、おたがいの対話が成り立つコミュニケーションのある会話や関係のこと。

た行

対人関係スキル　p.6
自分がやりたいことを、良好な人間関係を維持しながら、

知的、論理的に主張することができるスキル。

他者理解スキル　p.6
他人の意見、感情、立場、気持ちなどに対して、そのとおりだと感じて内面から理解することができるスキル。自分とはちがう他者を理解し、受容することにつながる。

WHO
世界保健機関。保健のための国際協力をおこなう機関。健康を基本的人権の1つととらえ、その達成を目的として設立された国連の専門機関。病気撲滅のための研究、適正な医療・医薬品の普及はもとより、健康的なライフスタイルの推進に力を入れている。本部はスイスのジュネーブ。

チューニング
心理学では、関心をむける、注目するという意味。

ディベート　p.181
ある1つの論題について、相反する2組の間で一定のルールにしたがっておこなわれる討論の形式。議題は断定的でなく立証されたものでなければならず、最後になんらかの形で判定される。

な行

内省（内観）法
自己観察法ともいう。研究者が被験者にほどこす心理学研究法の1つ。ある活動、あるいは、ある状況において、被験者が体験する感情（情動）、思考、意志、欲求、衝動など諸々の内的経験の過程を自己観察させ、その結果を研究者に報告させて研究する方法。

二次的感情　p.14
期待が外れたときに生じる、失敗や不安といった一次的感情から派生した感情。怒りなどがそれにあたる。

ノンバーバルコミュニケーション
動作（表情・視線・身ぶり・姿勢）、対人的距離、外観、準言語（話す速度や抑揚）など、非言語的行動による情報の伝達方法。

は行

ピアカウンセリング
アメリカで始まったカウンセリングの手法の1つ。ピアとは仲間の意味で、学生間、職場の同僚、障害や病気をもつ人同士などをさす。ピアカウンセリングは、専門家によるカウンセリングではなく、同じ背景をもつ仲間同士が同じ時間を共有し、対等な立場で話しあい、悩みや考えごとを聞きあう活動のこと。

ピア・サポート
仲間同士を支援する活動のこと。支えあいをトレーニングする方法として、セルフヘルプグループや大学生同士の支援や子どもたち同士の支援活動などがある。トレーニングには、自己理解・問題解決・対立解消・アサーション・コミュニケーション・カウンセリングなどのスキルを高めるプログラムがある。教育モデルとしては、「思いやりのある共同体」を目指している。

批判的思考スキル　p.7
情報や経験を、客観的に分析するスキル。日常生活では、論理的・肯定的に思考することもたいせつだが、批判的に思考する態度も必要である。

ビリーフ
思い込み、その人を支える信念、価値観のこと。アメリカの心理学者、アルバートエリスが創始した論理療法の中心概念。事実に基づかない不合理な考え方や受け取り方をイラショナルビリーフ、事実に基づいた合理的な考え方をラショナルビリーフという。

フィードバック
ふり返りのこと。ファシリテーターが、グループの活動や討議の経過や結果についてふり返らせるための手法。学習活動の直後におこなわれることが多い。

フェアリーブレイン（妖精脳）　p.148
脳幹のこと。脳の根幹をなす部分で、生命を維持するのに重要な中枢が集まる。生命誕生からの機知が潜んでいる脳ということで、こう呼ばれるようになった。

ブレーンストーミング　p.14
オズボーンによって開発された、集団思考によって創造的で良質のアイディアを求めようとする技法。①批判はしない、②質より量、③自由に、④便乗歓迎という4つのルールを守って実践される。ゲーム性のあるグループワークなので、授業にも取り入れやすい。

プロコン・ディスカッション　p.181
対立するテーマで参加者が討論する方法。参加者全員が、賛成意見、反対意見、観察者の3グループに分かれ、それぞれの立場で意見を述べる。同じテーマで立場を交代して3回討論するので、自分の考えとは異なる意見も発言することになり、ちがった視点で物事がとらえられ、考えをより広く・深くすることができる。

補助自我　p.151
モレノの心理劇用語。耐性が低い、自己主張能力が低いなど、自我の機能が不全な人になりかわって、その機能を遂行することを「補助自我をつとめる」という。たとえば、子どもの発言がわかりにくいとき、教師がその子どもにかわって説明すれば、その行為が子どもの補助自我ということになる。

ま行

マインドマップ　p.171
イギリスのトニーブザンによって開発された思考方法で、放射思考と呼ばれる。1枚の紙の中心にテーマを描き、それに関連する情報やアイディアを放射状に描いていく手法、またその作品。

マズロー
カウンセリングの世界に、実存主義的アプローチを導入した先駆者。人間の欲求は、まず生理的欲求から始まり、安全の欲求→愛情と所属の欲求→自尊の欲求→自己実現の欲求という順に、低次の欲求が満たされると、次の高次の欲求が現れるという「マズローの欲求階層説」を提唱した。

問題解決スキル　p.7
日常で直面する問題を建設的に対処するスキル。

や行

You（あなた）メッセージ　p.22
「あなたは〜してよ」「〜しなさい」と、あなた（You）を主語にして伝えるメッセージ。Iメッセージの対語。

ら行

ライフスキル　p.6
WHOによって、「個々人が日常生活において起こる要求や難題に対してうまく対処できるように、適応的、積極的に行動するための能力」と定義された。心理的社会的変化に対する適応能力を高めるために重要である。

リフレーミング　p.51
同じ事実を、より生産的な視点でとらえること。「再枠づけ」「肯定的意味づけ」ともいう。

リフレーム　p.129
「枠組み（固定概念）を変える」という意味から発展して、見方を変える、物事のとらえ方を変えるという意味。

リロール　p.23
ロールプレイで演じた役割を、その終了をもって解くこと。

ロールプレイ　p.22
ロールプレイングと同じ意味。役を割りふって演ずること（役割演技法）。個人の内面に焦点を当てる心理劇と、ソーシャルスキルをとり上げる社会劇がある。

■ 参考文献（順不同）

『WHO ライフスキル教育プログラム』WHO〔編〕、大修館書店
『健康教育とライフスキル学習―理論と方法』JKYB研究会、川畑徹朗［編著］、明治図書
『現代カウンセリング辞典』國分康孝〔監修〕、金子書房
『構成的グループエンカウンター事典』國分康孝、図書文化社
『心理臨床大事典』河合隼雄、培風館
『総合的学習でするライフスキルトレーニング』皆川興栄、明治図書
『ライフスキル ワークショップ』皆川興栄、明治図書
『グループ体験によるタイプ別！ 学級育成プログラム』河村茂雄〔編著〕、図書文化社
『子どものためのアサーショングループワーク』日精研心理臨床センター〔編集〕、日本精神技術研究所
『アサーション・トレーニング―さわやかな自己表現のために』平木典子、金子書房
『実践サイコエジュケーション』篠塚信・片野智治〔編著〕、図書文化社
『自分を好きになる子を育てる先生』諸富祥彦、図書文化社

■著者
　越智　泰子（大阪府大阪市立大和田小学校）
　加島ゆう子（兵庫県西宮市立夙川小学校）
　大東　和子（兵庫県西宮市立安井小学校）
　棚橋　厚子（兵庫県西宮市立西宮浜小学校）

　西宮ライフスキル研究会
　HPアドレス　http://www.life-skills.jp/

組版＝大村晶子
装幀＝佐藤健＋六月舎
本文デザイン＝フジタタカヒロ

授業ですぐ使える！
自己肯定感がぐんぐんのびる
45の学習プログラム

2012年3月30日　第1刷発行
2015年7月15日　第3刷発行

著　者　越智泰子＋加島ゆう子＋大東和子＋棚橋厚子
発行者　上野良治
発行所　合同出版株式会社
　　　　東京都千代田区神田神保町1-44
　　　　郵便番号　101-0051
　　　　電　話　03（3294）3506
　　　　振　替　00180-9-65422
　　　　ホームページ　http://www.godo-shuppan.co.jp/
印刷・製本　新灯印刷株式会社

■刊行図書リストを無料進呈いたします。
■落丁乱丁の際はお取り換えいたします。

本書を無断で複写・転訳載することは、法律で認められている場合を除き、著作権及び出版社の権利の侵害になりますので、その場合にはあらかじめ小社宛てに許諾を求めてください。

ISBN978-4-7726-1042-1　NDC370　257×182
©越智泰子＋加島ゆう子＋大東和子＋棚橋厚子, 2012